謎の会社、世界を変える。

エニグモの挑戦

須田将啓・田中禎人
株式会社エニグモ
共同最高経営責任者

「謎は私たちの人生において
絶対になくてはならないものです」

＊宇宙飛行士ニール・アームストロングの言葉。『ファーストマン』（ジェイムズ・R・ハンセン／日暮雅道、水谷淳訳／ソフトバンククリエイティブ）より。

謎の会社、世界を変える。——エニグモの挑戦◎目次

プロローグ

「世の中を変えるボタン」がある。

そのボタンを押すと、世の中に小さな変化が起こる。その変化は、最初はゆっくりと、そしてだんだんスピードを上げながら、じわじわと勝手に広がっていき、気がついたときには世の中の価値観をすっかり変えてしまっている。


これは僕らの起業の物語だ。

二〇〇二年の冬に最初のサービスのアイディアを思いついてから、約一年後の二〇〇四年二月に仲間たち四人と一緒に、エニグモという会社を作った。僕たちは、二〇〇八年二月現在までに、バイマ、プレスブログ、フィルモ、ローミオ、シェアモという五つのサービスを世に送り出した。

いつも「新しいサービスを作る」という視点で考えてきたため、自然と五つとも「世界初」のサービスになった。最初のサービスであるバイマは現在、世界五四カ国に三〇万人の会員を擁し、プレスブログはブログを使った新しい口コミ広告市場を生み出し、アメリカ、韓国にも波及した。

今までにない新しいサービスを立ち上げるということは、裏を返すと「成功する保証がない」

ということでもある。

会社を作る前も、作ってからも、予想もできないことがいろいろ起きた。時には本気で腹を立てたし、とても悲しい思いをしたこともある。だが、エニグモを作らなければ、絶対に味わえなかっただろう感動や、人生を変えるような出会いを得ることができた。

たとえ最初はまわりが理解してくれなくても、自分たちの考えやビジョンを信じ続けて、やってみなければわからない、というスタンスでサービスを立ち上げてきた。

起業とはある意味「勝負に出る」ということだと思っている。

僕たちが勝負に出てエニグモを作ったように、エニグモという会社も常に「勝負に出る」会社であってほしいと考えている。

勝負に出ることは、もちろん楽しいことばかりではなく、辛いこともたくさんあるし、失敗するリスクもある。でも、せっかくの人生、勝負を避けて後悔だけはしたくないと思っている。

始まったばかりの会社で、あまり参考にならないかもしれないが、この本を通して、誰かの起業のきっかけや刺激になれば嬉しく思う。

そして、一人でも多くの人が、「世の中を変えるボタン」を押してくれれば、何よりだ。

株式会社エニグモ共同最高経営者　須田将啓
田中禎人

装幀　尾原史和（ＳＯＵＰ　ＤＥＳＩＧＮ）

第1章

起業前夜

二〇〇二年のクリスマスの夜（須田）

「あっ」

斜め後ろの席で、短い声があがった。

振り返って同僚の田中禎人《さだと》を見た。

田中は腕組みをして虚空《こくう》をにらみ、何か考えている様子だ。

二〇〇二年も残りわずかとなった十二月二十五日、クリスマスの夜。

夜の十時を過ぎたオフィスは人影もまばらで、僕は終わりの見えない企画書作りに取り組んでいた。

いつもはそれくらいの時間でも、フロアは人で賑《にぎ》わっているのだが、その日はさすがにクリスマス。ほとんどの社員は早めに帰社している。

僕と田中は、博報堂という会社に勤務していた。国内では第二位の規模を誇る、大手の広告代理店だ。

僕は入社して三年目。自動車や食料品メーカー、通信会社などのマーケティングを担当していた。田中とは七、八人がメンバーの同じチームに所属していた。

視線をパソコンの画面に戻し、書きかけの企画書の文字を埋める作業に再び取り掛かる。

五分ほど過ぎたとき、ぽん、と肩を叩かれた。

田中が後ろに立っている。

「どうした？」

「すごいことを、思いついた」

すべては、その瞬間から始まった。


田中は、アメリカ育ちの、いわゆる帰国子女だ。中学生のときに日本に戻り、大学を卒業後は、アパレル会社、外資系のＰＲ会社で働いた。その後、アメリカに留学、ＭＢＡを取得して、二〇〇一年の七月に中途で博報堂に入社してきた。

チームが一緒でも、担当するクライアントが別だったので、仕事上の接点はなかった。だが、部署の飲み会などで話すうちに、年齢も同じということがわかり、「じゃあ、ため口で話そうぜ」「おう」という感じで、気軽に話すようになっていった。

真面目な仕事ぶりにもかかわらず、飲み会のときの破天荒なノリが、気が合った。そのうちしょっちゅう二人で飲みに行くようになった。

お互いのデスクが背中合わせだったこともあり、会社でもよく話をしていたが、あくまで一人の同僚に過ぎなかった。その日までは――。

二八歳のクリスマスだというのに、男二人で遅くまで残業。そんなさえない夜、パソコンに向かって次のプレゼンのことをぼんやり考えていたときに、田中が後ろから声をかけてきたのである。

二人だけのアイディア会議（須田）

「すごい面白いアイディアを思いついた」

そう言う田中の顔が、いつもとちょっと違う。

何かあるな、と感じた。

思わず、「いやいや、俺のアイディアのほうがすごいよ」と僕も言った。負けず嫌いなのだ。

田中はにやっと笑った。

「じゃあ、ちょっと出し合おうぜ」

二人でマーケティング局のフロアを出て、会議室に入る。

田中は椅子に座ると、自動販売機で買ったコーヒーを一口啜《すす》ってから、口を開いた。

「アメリカで暮らしていたときに普段使っていた日用品を、日本で買おうとしても、なかなか手に入らないことが多いんだ。たしかに海外の商品がたくさん輸入されて日本でも買える時代になったけれど、それでもまだまだ買えないもののほうが圧倒的に多い。

自分のＭＢＡ時代の同級生で、わざわざ向こうにいる友人に頼んでまで洋服とかを個人で輸入している人もいる。きっと他にもそういう人が、たくさんいると思うんだよね。俺がアメリカにいたときも、『これ、日本で発売したら売れそうだな』と思うことも多かったし、自分のまわりに魅力的な商品がたくさんあるのに、その状態を価値化できていないことが、もったいないと思ってたんだよ。

それで、閃《ひらめ》いたんだが、インターネットを使って、海外にいる人を通じて個人輸入を気軽に頼める仕組みが作れれば、すごい潜在ニーズがあるにちがいないと思うんだ。

海外にいる在留邦人のネットワークを構築して、世界中からありとあらゆるものを『お取り寄せ』ができるようなサイトがあったら、使ってみたいと思わないか？」

田中のアイディアを聞いた瞬間に、ぴんとくるものがあった。

前々から漠然と、インターネットという世の中に登場して間もないインフラをもっとうまく活用できる方法があるんじゃないか、と感じていたからだ。

一九九五年頃、まだ学生だったときにインターネットが登場した。それを見て「これで世の中は変わる」と思った。

だが、現実には、なかなか世の中は変わらなかった。

二〇〇二年末の当時、日本でもブロードバンドが普及しつつあり、ネットの利用者は右肩上がりで増えていた。しかし、その直前、一気に盛り上がった「ネットバブル」が崩壊したこともあって、「インターネットは張子《はりこ》の虎」という見方が強まっていた時期だった。

いくつかのネットベンチャーが新興市場に上場して話題を呼んだが、結局リアルのビジネスにおいては、ヤフーや楽天、アマゾンなどの資本を潤沢に持つ大手企業が、市場の寡占を始めていた。

その構造は、これまでのマスメディアやマス流通のあり方と、まったく変わらないように思えた。

本当のインターネットのすごさは、知らない世界や知らない個人同士が一気にネットワークされることで、今までとまったく違う世界観や新しい価値が生み出されることにあるにちがいないと思っていた。

田中のアイディアは僕が想像していたインターネットの方向性に非常に近かった。


「面白いな」と僕は言った。

「須田のアイディアは?」と、田中が尋ねる。

僕がそのときに漠然と考えていたアイディアは、当時、一般的に使われ始めていたウェブカメラを使って何か面白いビジネスができるんじゃないか、というものだった。

「南極とかエベレストの頂上とか、あるいはレーシングカーのコックピットとか、普通の人が行けないようなところにウェブカメラを設置するんだ。

そういう場所に行くのはものすごく大変だから、一般の人はなかなか行くことができない。だからこそ『そこで何が見えるのか興味がある』と考える人も、世界中にいるはずだ。ウェブカメラからその風景を、誰かがインターネットを通じて見るたびに、カメラを設置した人のところに多少のお金が入ってくるような仕組みができれば、きっと面白い場所にカメラを置こうとする人も出てくる。それでお金が儲かればどんどん面白いところにカメラが置かれて、世界中から面白い映像が出てくるんじゃないかな」

今でいうユーチューブのような動画投稿サイトの有料版のようなものといえるかもしれない。

田中はじっと聞いていた。

僕が話し終えると、「すげえ面白いな」と真剣な顔でつぶやいた。

今になって振り返ると、この時点で僕たちの会社の理念とサービスの、根本となるアイディアが出ていたことがわかる。

個人の力を、インターネットを使って増幅すること。

その人にしかない「価値」を世界中の人と交換できる仕組みを作ること。

十二月の会議室は寒かったはずだが、体が火照《ほて》るような感覚にとらわれていた。

「ただ海外で売っている商品が買えるだけじゃなくて、『こんな物を買いたい』というリクエストができたほうがいいんじゃないか？」

「リクエストを見た人が、実際に商品を買いに行くことも考えられる。その場合は、買い手がすでについているから、見込みで商品を仕入れるリスクがない。在庫を抱えずに個人で商売が始められる」

「出品する方法はどうする？」

「カメラ付き携帯電話が爆発的に普及し始めている。近い将来、誰もがカメラを持ち歩いている状態になるはずだ。それを活用して、店頭の商品を撮影して、ネットにアップすればいい。外出先で売れそうなものを見つけたら、すぐに売りに出せるような仕組みができたら面白い」

二人で時を忘れて、この新しい「ショッピングの仕組み」について、思いつくままアイディアを出し合っていった。

そのうちに、「この仕組みは、これまでの『ショッピング』の概念を変えるかもしれない」という思いが湧いてきた。

「実現したら、これはすごい。買い物の概念が変わるかもしれない。インターネットが普及したからこそ可能になったショッピングの仕組みだし、間違いなく世界初だと思う。……でも、もしかしたら同じことを考えている奴が、世界のどこかにいる可能性もある」

「そうだな」

二人で顔を見合わせた。

「ハインリッヒの法則」というものがある。「一対二九対三〇〇の法則」とも呼ばれる。「一つの深刻な事故の裏には、表に出てこない二九の軽い災害があり、三〇〇のひやっとした経験がある」という統計学から導き出された法則だ。

それと同じようなことが、アイディアにも言えると思う。

面白いアイディアを思いついたら、同じアイディアを考えついた人が、世の中に三〇〇人はいる。実現に向けて動き出す人が三〇人はいて、実現させるのが一人だ。急がないといけない。決断とスピードが重要だ。

僕のアイディアは、設置するカメラの開発やサービスにふさわしくない映像のチェックに、手間とお金がかかりそうなので、まずは田中のアイディアを具体化しようということになった。

「いったんお互い持ち帰って、年明けに企画書を持ち寄ろう」

「とにかく面白そうだからやってみようぜ」

というのが、その日のゴールだった。

ほとんど、のりで始まった事業だった。

「将来は起業する」と当然のように考えていた（田中）

最近よく、「いつから起業しようと思ってたんですか」と聞かれる。

正直いって覚えていない。だが、物心がついたときには「いずれは起業する」と決めていた。自分にとっては、起業することが、ごく自然な流れだった。

中学二年の途中までシカゴで育った。もともと父親が歯科材料の研究者で、研究の成果を商品化し、歯科医や歯科技工所に卸《おろ》す会社を経営していた。その関係で、一家そろってアメリカに住んでいた。

父の仕事を継ぐことを将来の前提に考えたことはなかったが、父親が経営者だったことは、「将来は起業する」と幼い頃から当然のように考えていたことに、潜在的に影響していると思う。

一三歳の夏に、日本に戻り、公立の中学校に編入した。

アメリカの学校と違い、教師が生徒に対して生活の指導をすることが妙に窮屈に感じた。「なぜ学校が生活にまで口を出すんだろう」と不思議だった。そんな中でも自由にしている、あまり真面目ではない同級生たちと仲よくなっていった。カルチャーショックは多少あったが、友だちができたことで日本社会にも溶け込め、すぐに「日本も面白いな」と思うようになった。

中学時代に仲がよかったまわりの友人は、ほとんど高校に行かなかったが、自分は帰国子女が多く通う、東京学芸大学附属高校大泉校舎に入学した。入学後は、学校の友だちより、中学時代の友人と遊ぶことが多かった。

学校では有名大学に進学することを当たり前と考えている同級生と机を並べ、放課後はパンチパーマをかけているような連中と過ごした。学校から帰ると、親友が刺されて集中治療室に入院していたこともあった。今思うと、いろいろな価値観があって当たり前という考えを強くした時期だったかもしれない。

大学は上智大学にするか青山学院大学にするか迷った。商法などの法律を学んでおけば起業に役立つと考え、法学部に合格していた青山学院大学に決めた。

アメリカで中学校に通っていた頃、法律が社会においてどのような役割を果たしているかの授業があり、それ以来、漠然と法律に興味を持っていたこともあった。

大学時代もずっと、「就職はしないだろうな」と思いながらサーフィンばかりして過ごしていた。

しかし卒業が近くなるにつれて、まわりがみんな就職活動を始めるのを見て、「将来は起業するとしても、一度は就職して企業組織で働く経験をしたほうがいいな」と思うようになった。どうせ就職するのであれば、自分が興味ある分野がよい。将来、起業をするときに始めたい業種、業界を考えて、アパレル会社に入ることにした。

高校のときからファッションに興味があり、いずれファッションビジネスを立ち上げたいと考えていたのだ。

一九九七年、新卒でオンワード樫山《かしやま》というアパレル会社に入社する。

海外とやりとりして、新しいブランドを日本に持ってきたり、その逆に日本のブランドを海外に持って行ったりするような仕事がしたかった。

そのため国際事業部という部署を志望したが、ほとんどの新入社員はまず営業に配属になる。自分も営業部に配属となった。仕方がない。まずは営業を通じてアパレルの業界構造について学び、国際事業部に異動できるのを待とうと決めた。

だが実際に働き始めて、社内で国際事業部がやっている仕事を知ると、自分が求めていたものとは違うということがわかった。さらに、「ファッション業界の営業は向いていない」という結論に達して、入社して一年で辞めた。

退職するときに、再就職先は決まっていなかった。

辞めてみると、それまで「アパレルがやりたい」という気持ちが強かったのが、まったくなくなってしまった。

それでは自分がやりたいのは何だろう?

「いろんな業種やいろんな会社が見れる仕事がいい」と漠然と思った。

そんなときに新聞の求人広告を見ていたら、外資系のPR会社が求人広告を出していた。


PR会社は、クライアントから依頼を受けて、広報全般の戦略を立てサポートするのが仕事である。新製品のリリース発表やパブリシティから、記者会見の準備、不祥事が起きたときの対応マニュアルの作成まで、実に幅広い。関わるクライアントも硬軟さまざまだし、業務を通じていろんな会社が見られると考えた。仕事をしながら、興味のあったマーケティングが学べることも魅力だった。


PR会社での経験は、きっと将来、起業をする上でも役立つにちがいない。

これはいい、と考えてすぐに履歴書を出し、面接を受けたところ、採用された。外資系ということで、得意な英語を活かしつつ仕事ができることも魅力だった。

実際に入ってみると、そこでの仕事が、非常に性に合った。

「こんなに面白い仕事があったのか」と感じた。

マーケティングと一言でいっても、扱う領域は非常に広い。商品の特性や魅力を的確に把握し、市場を分析し、ターゲット層にどうアプローチすれば最も効果的か、戦略を練って、実行に移す。営業戦略や流通戦略もマーケティングである。

PRと呼ばれる広報活動は、そのほんの一部分だが、それでもたいへんやりがいを感じた。

だが半年ほどするうちに、またむくむくと別の考えが湧いてきた。クライアントに対してマーケティングの専門性を提供しなければならないが、自分は今までマーケティングやPRを勉強したことがない。そのことに対して、自分への物足りなさやフラストレーションを感じるようになっていた。

「こんなに面白いのなら本格的に勉強したいな」と思うようになった。

いずれ起業をするのであれば、マーケティングの勉強は必ず役立つ。さらに、どうせ勉強するなら、マーケティングの本場であるアメリカで、MBAに行きたいと考えるようになった。

MBAならばマーケティングの勉強と同時に、経営についても一から学べる。

そこでせっかく入ったPR会社も、一年で辞めることにして、急遽《きゅうきょ》、大学院の試験を受けた。思い立ったら即行動、というポリシーである。

合格して次の年の夏に会社を辞めて、アメリカに留学した。

小学生時代の超スモールビジネス（須田）

小学校の頃、ペットのレンタル業をやったことがある。

……とあえて仰々しく書いてみたが、本当はすごいくだらない内容だ。

小学校三～四年生くらいの頃、ノラ犬やノラ猫を餌付《えづ》けして、近所の子どもに一日一〇〇円で、貸してあげていたのだ。

別にお金を取るつもりはなかったのだが、みんな欲しがるので、制限をつける意味で、一人一〇〇円にしたのだと思う。

数時間経つと、犬も猫も勝手に戻ってくるので、翌日また貸してあげる。

こちらの負担は最初の餌付けだけ。そんなビジネスモデルだ。毎日三〇〇円くらい手に入ったので、駄菓子屋で豪遊していた。

今思えばかわいいものだ。

ちなみに、一週間くらいでいろいろな意味で破綻した。

子どもの興味は移ろいやすい。ノラ犬もどっかに行ってしまった。

金使いも粗《あら》くなっていた（三〇〇円だが……）。

超スモールビジネスだが、人生で初のビジネスとして、よい体験と思い出になった。

と、このように子どもの頃から、心の中にあるいろいろなアイディアを形にして、世の中に送り出すことが好きだった。一言でいうと企画好きなのだと思う。それで広告業界にとても興味があり、小学生のときの日記に、「大きくなったら電通かハクホウドウに入りたい」と書いているような子どもだった。高校時代はテレビ局のプランナーコンテストに応募したところ優秀作に選ばれ、プロデューサーに高校生で入選したのは初めてと驚かれた。

企画と同時に数学も大好きだった。

子どもの頃、塩分の取りすぎで、小学校二年生で腎臓《じんぞう》を患い、二ヵ月ほど入院&自宅療養するハメになった。ものすごく暇だったので、算数ドリルばっかり解いていた。学校に戻ると、めちゃめちゃ算数ができるようになっていて、毎回一〇〇点を取り、いつの間にか学校では「算数博士」と呼ばれるようになっていた。それ以来、数学が大好きになった。高校時代に、某模試で何度か全国一位になったこともあった。

茨城県の水戸第一高校を卒業後、大学は理系に進み電子工学を学ぶことにして、慶應義塾大学の理工学部に進学した。電子工学を勉強しながらも、企画好きの熱を満たすため、大学では学園祭のイベントや映画の試写会などをプロデュースする企画サークルに入った。三年のときにはそこの代表も務めた。

学部で四年間学んだ後に、大学院の計算機科学（コンピュータサイエンス）専攻に進んだ。将来は社長か教授かの二つの選択肢を考えていたため、起業と研究の両方に役立つだろうとコンピュータの研究室を選んだのだ。

人生でいちばん勉強した留学時代（田中）

晴れてカリフォルニア大学のビジネススクールに入ってみると、「あれ？　間違えたかな」と思った。

入ったらいきなり宿題の嵐がやってきたのだ。

そもそも勉強が好きではなくて、まともに受験勉強をした経験もなかった。人生で、初めて本気で勉強する状況に追い込まれた。

「こんなに勉強が大変だったとは……。二年間も続けられるかな」と不安になったが、人間というのは要領をつかむもので、次第に慣れていった。

一生を通じても、二四歳から二六歳のその二年間が、いちばん勉強したと思う。それまで勉強しなさすぎだっただけかもしれないが。

ビジネススクールでは、ファイナンスや組織学など、企業経営に関する知識について一通り勉強する。ファイナンスなどの金融分野もクリエイティブなことをやれる領域ではあるが、やはりマーケティングの領域が、工夫ができる幅が広くて魅力的に感じた。

あらゆる商売において、商品をどうポジショニングするか、何を伝え、どう売るか、考えるのが面白かった。

また、経営にはどういう要素が必要なのか、会社にはどういう機能が必要なのか、どんなことは自分でやらずに他に任せてもよいのか、そういう経営の基本を、ＭＢＡの勉強で何となくつかめた気がした。

後の広告代理店の仕事においても、この二年間でマーケティングというものをアカデミックに学び、知識を体系だてて身につけられたことは大きかった。企画書を書くのにも、人を説得するのにも、このときの勉強が裏づけとなった。

個人的な考えだが、「マーケティングは感性だ」と思う部分と、「感性だけでは人を説得できない」という思いの両方がある。

「こうしたら魅力的に見えるよね」という感性を、論理的に説明できないといけない。学問として学んだことで、過去の企業の事例をひたすら学ぶことも役立った。事例をふまえて考えたり、人に話したりすることができるようになった。

卒業が近づくにつれて、今度は現場を早く経験したくて仕方なかった。

卒業の日を指折り数えた。そもそも貧乏学生だったし、給料が欲しかった。

ビジネススクールの学生は、一年目と二年目の間にインターンシップをすることになっている。マーケティングの中でもマーケティング・コミュニケーションに関わりたかったため、広告代理店でインターンをしたいと考えた。外資系の大手広告代理店ジェイ・ウォルター・トンプソンでインターンをさせてもらい、「やっぱりこれだ、面白い」と感じて、卒業後はマーケティングの知識を活かせる仕事に就くことを決めた。

コンピュータでは勝てない（須田）

大学院の時代は、人生の中でも特異な二年間だったと思う。

それまでとはぜんぜん違うタイプの人たちと、濃密な時間を過ごした。コンピュータの世界では有名な研究室で、私はかなり浮いた存在だった。

同期は変わり種が多かったのだが、多くの人は、それまでの人生では接点がないような人たちばかりだった。小学生のときからコンピュータでプログラミングをしていて、世間から見るとオタクと呼ばれそうな人たちだが、そのコンピュータに関する知識と熱意たるや並外れたものがあった。

自分も頑張ってキャッチアップしようと努力したが、最初はかなりの差があった。非常に苦労して、どうにか追いついた。仲間と研究室に二泊三日で泊まり込み、作業したりする理工学部の雰囲気がけっこう気に入った。みんなで同じ方向を目指して、一緒にやっていくのが楽しかった。

研究室に寝袋を敷き、眠るスペースを奪い合うような毎日。

同期が七人。三〇人くらいの所帯だった。

同時に、五反田にあったソニーの研究所でアルバイトを始めた。ソニーコンピュータサイエンスラボラトリー、頭文字をとってソニーCSLと呼ばれるその研究所は、コンピュータやロボット工学を中心とするさまざまな分野で、世界的に最先端の研究が行われていた。所長が、私が大学で入っていた研究室の教授だったのだ。それでよく、慶應の学生がそこでバイトをさせてもらっていた。

システム管理のアルバイトとは一言でいえばコンピュータの雑用係である。たとえばネットワークの調子が悪いとか、サーバの調子が悪いとか、プログラムが動かないとか、各種のトラブルのたびに呼び出されて、サーバに高い負荷をかけているプログラムを潰《つぶ》したり、トラブルの原因となる設定ミスを修正したり、場合によっては、ケーブルを組み替えて新しいネットワークを構築したりした。

当時、そこには後からものすごく有名になる人がたくさんいた。

たとえば、脳科学者の茂木《もぎ》健一郎さんがいた。バイオテクノロジーの著名な研究者で、ロボカップの仕掛人としても知られる北野宏明さんもそこで研究していた。オープンハウスではよく、さまざまな分野の研究者が研究成果を発表していた。

当時、ソニーの会長だった出井《いでい》伸之さんもよくその発表に来ていた。大学の研究室と、ソニーの研究所を行き来するような毎日だった。結局そこには二年間、院を卒業するまでいた。結果的に、そのアルバイトの経験が、将来の進路を決めた。

研究所でしばらくバイトをするうちに、「プログラミングについては、本当に好きな人には勝てない」と痛感したのだ。

コンピュータが好きな人は、喫茶店に入るなり、ノートパソコンを広げてネットワークを組み始める。プログラムを見てもきれいだし、話していることもプログラムのことばかり。普通の人が聞いても絶対に意味がわからないような関数の名前でしゃべりあったりしている。

「ちょっと彼らとは人種が違うな」と思うようになった。

好きな人にはかなわない。そこまで自分はプログラムが好きではないし、彼らよりうまく作れる自信はないなと感じた。アイルトン・セナとF-1で勝負するようなものだ。本当にそれくらい研究室の先輩やソニーCSLの研究者はすごかった。ならば「自分で作らなくてもいいか」と考えるようになった。自分は企画を立てて、それをこういう人たちに作ってもらえればいい。

もう一つ理由がある。コンピュータは研究対象ではなくビジネス対象だと感じたことだ。当時の私の研究テーマは、映画など超大容量データを世界規模で配信する方法についてだった。

細いネットワークの回線を効率的に利用する方法を考えていた。しかし、研究室で考えている間に、コンピュータのスペックがあがり、プロバイダーの回線が太くなり、わざわざ効率的に配信しなくてもなんとかなってしまうようになった。研究室で頭を悩ましているよりビジネスの現場のほうが早いのでは、と感じるようになったのだ。

そこで就職先は、教授ではなく起業への近道となる会社、そして、昔から好きだった広告業界を選んだ。博報堂に入社し、マーケティングを仕事にしながら、いつか独立できるチャンスがないかと考えていた。

田中が声をかけてきたのはそんなときだった。

田中とは、一言でいうと、「のり」が合った。MBAホルダーで、ぱっと見はクールでスマートな感じがしていたにもかかわらず、飲み会での破天荒ぶりに、自分と同じ匂いを感じた。仕事でわからないことがあると必ず本を買ったり、人に話を聞きに行ったりして、すごく勉強していた。必ず自分でなんらかの解決策を考えるという姿勢を傍目で感じていた。問題解決能力がある奴だと思った。

面白いし真面目だし、こいつは本物だなと思った。

須田との出会い（田中）

博報堂に入社したときの面接では、「どうすれば消費者や人が商品を欲しくなるのかを考えるのが面白い。見せ方一つで商品の魅力が伝わるかどうかが違ってくるし、伝わるかどうかも、その伝え方による。その工夫を仕事を通じてしたい」と伝えた。

ビジネススクールを卒業し、その二週間後には博報堂で働いていた。働きたくて働きたくて仕方なかった。

面接でいつから来られると聞かれて、「卒業したらすぐ」と返事をした。ビジネススクールでは卒業して仕事を始める前に、一、二ヵ月休みを取る人が多い。でも自分は休むより働きたかった。

二〇〇一年の六月下旬に卒業して、七月一日に入社した。

最初は営業に配属され、一年ほどでストラテジックプランニング局に異動になった。略してストプラと呼ばれるその部署は、クライアント企業のマーケティング戦略を考える部署である。

須田とはそこで出会った。部署は一緒だがクライアントは別だったので、一緒に仕事をしたことはなかった。年齢も同じで仲よくなり、何となく飲みに行ったりするうちに、「こいつはおもしれえな」と思うようになった。

須田に関してよく覚えているでき事が一つある。会社の打ち上げのときのことだ。

先輩社員が須田に絡んでいた。

須田がそのとき着ていた紫のシャツを見て、酒に酔っていたこともあってか、「いいシャツ着てるな」と飲み会の間、ずっと言っていた。

それがちょっとしつこく感じたのだろう。

ある段階で須田が突然、ぶちぶちぶちっとボタンを引きちぎりながらシャツを脱いだ。

それを見た瞬間、「こいつはやる男だな」と思った。

普通に脱げばいいのに、あえて破く。

数日後、そのときのことを聞いたら、

「妙にしつこく言われて頭に来て、わかったよ、脱げばいいんだろ、と思ったが、普通に脱ぐのはいやだった。だけどあれ、お気に入りのシャツだったんだよ」

と、けっこう後悔していた。

クリスマスの夜、須田に声をかけたときには、ただ「ビジネスアイディアを聞いてくれ」というより、「一緒にやりたいな」と思って話していた。

「新しいショッピングの仕組み」を思いついたときに、「誰と一緒にやればいいんだ？」と考えた瞬間、「須田だ」と直感したのだ。

須田はそもそも僕が持っていないものを持っていた。

そのとき閃いた「新しいショッピングの仕組み」は、インターネットを利用しなければ不可能なビジネスであるにもかかわらず、自分にはコンピュータやシステムの知識がまったくなかった。

システムを立ち上げた経験もないし、いったい何から始めればよいかもわからない。

そこで、そういうバックグラウンドがある人と組みたいと考えた。

誰と組めばいいいんだ。

振り向いたら須田がいた。

須田が大学院でコンピュータを勉強していたことを知っていた。

半年以上、友だちづきあいをしている中で、自分と非常にのりが合うし、こいつだったら信頼できるし、うまくやれると思った。

ただ、須田が会社を辞める気があるかどうか、わからなかった。

今どき珍しく、博報堂は辞める社員がほとんどいなくて、起業しようというモチベーションを持っている人も少なかった。

広告の仕事がいちばん面白い、ずっと続けていきたい、と考える人が多かった。須田もいつかは起業しようと考えていたとは、まったく知らなかった。須田にアイディアを話して、「駄目なんじゃないか？」と言ってきたら、考え直したかもしれない。自分が考えていたことに対して、「いけるんじゃないか」という判断をしてきたことが大きかった。一緒にビジネスを世に出す方向で考えていこうか、という須田の決断と返事がきっかけで回りだしていった。タイミングが合ったのだ。

「須田と一緒にやれば、実現できるかも」と思った。

バイマ――二十一世紀の「価値の物々交換」（須田）

二〇〇三年の正月が明け、一月四日には、また二人で集まった。

それ以降、週に何度も、博報堂が入っているビルの一階にあるタリーズに集まっては、ああでもないこうでもないと、アイディアを練っていった。

この「ショッピングの仕組み」を何という名前にするか、何度も話し合った。最終的に落ち着いたのが、「バイイング・マーケット（買い付け市場）」を意味する「バイマ」だった。「商品ではなく、バイヤーの買い付け自体を、売り買いできる市場」という意味をこめた。

バイマのシステムも、最初は「俺が作ってみるよ」という軽いのりだった。

僕は大学院でコンピュータを学んでいたので、簡単なプログラムだったら自分で作ることができたからだ。

当初、考えていたのは、「海外に広がっている日本人たちをネットワークすれば、ショッピングの流通が変わるんじゃないか。海外の在留邦人に買い物が頼めるという仕組みを構築しよう」というのがスタートだった。それだけであれば単純なシステムで間に合う気がした。

ところが、田中と最初に話し合っていたこのシンプルなアイディアが、練っていくうちに、だんだん壮大なシステムになっていく。

「海外からの取り寄せだけでなくて、日本国内でもやれたほうがいい」

「携帯がこれだけ普及していて、しかもカメラもついている。リアルタイムで取引ができるんじゃないか」と次々にアイディアが出てきた。

リアルタイムでその場所にいることが価値になる。つまり「そこにいない人のためにショッピングができる」ということが我々の中では盛り上がった。

考えれば考えるほど、この仕組みは、ものすごい可能性と発展性を秘めていると感じた。

「そこにいることに価値がある」という考え方は、物を売るだけではないという発想に自然に行った。

たとえばバイマを使うことで、暇な学生が花見の時期に、「忙しいサラリーマンのために花見の場所をとります。写真のようにきれいに桜が見える場所です」というビジネスを始めることだってできる。

インターネットによる二十一世紀の「価値の物々交換」みたいな仕組みを、このシステムで実現できるのではないかと我々は考えていた。

中国の奥地に住んでいる人が、その「中国の奥地に住んでいる」というそのこと、そのものの価値を、東京に住む人と交換することができるようになる。それが実現したら世界が変わるんじゃないか、そう本気で我々は考えたのだ。


いろいろ企画を考えるうちに、当初はパソコンで一からシステムを作るつもりが、だんだん壮大なスケールになっていくにつれ、「これは僕が作るのはもったいないな」と思うようになった。

そもそも研究で培《つちか》ったプログラミングスキルで、実際に一〇万とか二〇万の膨大なアクセスが想定されるサービスに耐えられるだろうかと心配にもなった。

このサービスは、人数が一定数以上に増えないと成り立たない。だがそこまで人数が増えたときに、システムは自分の知らない領域になってくる。

自分が作ったシステムが一〇〇人だったら動いたとしても、一万人、一〇万人が同時に使ったときに動くのだろうか。絶対に動くという自信はないなと思った。

中途半端なものを世に出して、システムが原因で破綻したり、それを作り直している間に誰かに真似されたりしては、やる意味がない。

そこで、自分で作るという道は捨てた。

次にデータベースの構築をビジネスにしている人を紹介してもらい、その人に「バイト代を出すから作って」と話をした。だがその人は忙しかったらしく、あまり真剣に取り組んでくれなかった。

すぐに「やはりアルバイトとかではなくて、ちゃんとビジネスとして作らなければだめだ」という結論に、今考えれば当然だが、落ち着いた。

それで、システム設計ができる会社と、資金面などを協力してもらうビジネスパートナーを探し始めたのが、第二段階である。

「一年後、やばいよね」（田中）

その頃の気持ちとしては、「とにかくこのサービスを実現したい」という思いが非常に強かった。

バイマのビジネスモデルに二人で惚《ほ》れ込んでいたので、「それがどんな形であってもいいから、世の中に出したい」という気持ちだけだった。

誰かに作ってもらってもいいし、我々だけのものでなくてもいい。

とにかく自分たちの考えを具現化したかった。

そこで須田と二人で事業計画書を作りこみ、協力してくれそうな会社を探しては、企画書を持ってプレゼンをして回ることにした。

プレゼン相手のビルに着くと、会社に入る前に必ず、ある「儀式」をした。

二人で毎回、

「世の中変えるぜ！」

「おう！」

と気合を入れたのだ。

その頃、僕も須田も、常に「これで俺たちは世の中を変えるんだ」という強い意識とモチベーションを抱いていた。

今でも時折、二人で掛け声を出し合った場面を思い出す。起業して以来、辛いことやがっかりしたこともいっぱいあるが、「世の中変えるぜ！」と二人で言っていたことを思い出すと、負けてられないと覇気《はき》が出る。

当時、常に、成功するイメージを、須田と二人で共有していた。

よく、「一年後、やばいよね」と話し合っていた。これを出せば世の中が変わる、と二人とも確信していたのだ。

バイマを出したい、世に問いたいという気持ちがすごく強かった。自分たちがオーナーでなくてもいい、とにかく実現したいという一心だった。

このサービスが世の中に出ることで、たくさんの人の生活のスタイルが変化し、それまでなかなか価値化されなかった価値が、顕在化するようになる。流通が変わり、本当に人の生活が変わると思っていた。

このサービスで金が儲けられたら嬉しいという思いもあったが、それよりも「自分たちが考えたアイディアで、世の中を変えたい」と思っていた。

堀江貴文氏へのプレゼンテーション（須田）

いろいろな会社にプレゼンを繰り返す中で、ある会社の社長と知り合った。

バイマの説明をしたところ、積極的にアイディアに乗ってきて、しかも「お金も三〇〇〇万円出そう」と言ってくれた。

「金を出す代わりに、将来あがってくる利益を折半《せっぱん》しよう」ということになった。

バイマを作るための資金やシステム会社との交渉も、その社長が経営する会社が受け皿になると言ってくれた。

それまでいろいろな会社にプレゼンすると、ほとんどが高い評価で、「面白いからやったほうがいいよ」と言ってくれた。だんだん確信に変わっていったのだが、その社長は「金も出すし、今すぐここに来て一緒にやろう」と言ってくれた。

それでやっとパートナー企業が見つかったと思い、足しげく田中とその会社に行くことになった。

その間、僕も田中も、空いた時間を見繕《みつくろ》っては、バイマのアイディアをブラッシュアップしていった。

その会社に行っては、「こういうプロモーションをやりたい」とか、「こういう仕様でいこう」などと、細部の計画を練っていった。

二〇〇三年の夏から秋にかけての頃だ。

木枯《こが》らしが吹く季節になり、その社長から、「堀江さんにアポイントを取った」と連絡が入った。

堀江さんとは、当時はまだエッジという名前だったが、あのライブドアの堀江貴文氏のことである。六本木ヒルズに入る前のエッジに電話したところ、うまくいって堀江さんにプレゼンする機会をもらえたという。

堀江さんは当時、若くして成功したＩＴベンチャーの経営者としてメディアにも数多く取り上げられていた。ライブドアがまさに飛ぶ鳥を落とす勢いになる、直前の頃である。

僕と田中も「やった！」「チャンスだ！」と盛り上がった。

プレゼンする相手はエグゼクティブである。

時間もあまりないにちがいない。

そこで、その頃には八〇ページ以上に膨らんでいた計画書をそぎ落として、珠玉の一〇枚を作った。

我々はそれを「プラチナ・テン」と呼んだ。

「これを一〇分でプレゼンするぞ」という意気込みで、リハーサルを繰り返した。

「最初の五ページは俺がしゃべるから、後半の五ページは田中ね」と何度も練習した。

いよいよプレゼンの日を迎えた。

練習の結果、一〇分で完璧なプレゼンができるように仕上げて、社長と三人でエッジに乗り込んでいった。

社長室に通され、堀江さんに「はじめまして」と挨拶する。

自己紹介もそこそこに、プレゼンを始めた。

僕が最初の一枚の説明を始めたところ、堀江さんは、企画書をバラバラとめくりだした。こちらとしては、「えっ、順番があるんだから」という気持ちだった。

「このリクエスト機能が……」と僕は説明を続けた。堀江さんは、ある一枚に目をとめて、一五秒ほど考え込むと「ぱたっ」と企画書を閉じた。そして、「これ、面白いですよ。やりましょう。で、どうやりましょう?」と言った。

プレゼンが始まって、わずか三〇秒ほどだった。

その想像力と決断力とスピード感は、圧巻だった。

プラチナ・テンを作ったけれど、作る必要がなかった。

一枚でもよかったくらいの感じだった。

すごく盛り上がって、その日の堀江さんのブログにも「ある社長が来て、プレゼンしてもらった。アイディアはいい。でも実現できるかな」みたいなことが書いてあった。

それを見て、また田中と盛り上がった。

いよいよバイマが実現する道が、見えてきた。

パートナー会社との決裂(須田)

だが、そこから事態は風雲急を告げる。

堀江さんの反応が予想以上によかったために、その社長が我々二人を外して、エッジと自分の会社だけでバイマの提携条件を決めようとしたのだ。

当初は三〇〇〇万円を出資し会社を作り、二人に一〇〇〇万円ずつ株を持たせて社長として処遇するという話だったのが、いつの間にか「子会社があるからそこの役員になりなさい」と話も変わってきていた。

アイディアだけ利用して、我々二人を外して事業を進めようとしているのではないかと感じ始めた。

結局、その社長ともめて「それは違うんじゃないですか」という話をしたところ、激しい口論になった。

いったん関係がこじれると、その人が非常に大人気《おとなげ》のない人であることがわかった。明け方に酔っ払って僕に電話をかけてきて、五件の留守電が残っていたこともあった。ドスのきいた声で「なめとんじゃないぞ」「お前なんか潰すぞ」と怒鳴り声ががんがん入っていた。「博報堂の社長に言うぞ」などとも言われた。「博報堂を辞めると決めているのに、そんなこと言ってどうする気なんだ？」と思ったりもした。

一緒にやろうと話を進めてきたのに、そんな展開になってしまい非常に残念であったが、我々のバイマを手放すわけには絶対にいかない。

結局、エッジとは直接やりとりをして、我々とエッジで提携を進めるという話になった。

今考えてみると当たり前の話だ。アイディアを持っている人と進めないと、事業を推進していくことはできない。エッジ側からしても、一緒に事業をやるなら、アイディアを生み出して、本気でやる気になっている我々と組みたい様子だった。

エッジで窓口になってくれたのは、副社長の伊地知《いじち》晋一さんだった。「整理してきてくれれば一緒にやります」というエッジ側のスタンスを確認し、もめた会社に話を通しに行った。社長には会わなかったが、その会社のCFO（最高財務責任者）に、エッジと一緒にやることを告げた。

しばらくして、その社長が大阪のとあるシステム会社と組んで、バイマのようなサイトを作るらしいと風の噂で聞いた。僕たちより先に、バイマのアイディアを形にしようというのだろうか。その噂が本当かどうかはわからないが、数カ月後、その大阪の会社が似たようなサービスをリリースしたという記事を新聞で見た。

だがそれを見て、僕と田中は安堵した。それは、ただの単純なオークションだった。もし噂が本当だったとしたら、結局その社長は、バイマの秘めた可能性をまったくわかっていなかったということだ。

「同じアイディアを共有していたとしても、それを形に落とす段階でこうも変わってしまうのか」と二人で驚いたことをよく覚えている。

そのサイトはまったく我々の考えていたものとは違ったのだが、「やっぱりぱくられたか」

という嫌な思いは拭《ぬぐ》えなかった。

このときの経験が、後のエニグモの「世界初のサービスを生み出す」というこだわりにつながっているのかもしれない。


その後、エッジと、どう組んで事業化するか、話し合いを続けた。

だが、打ち合わせを重ねていくうちに、お互いのやりたい方向がずれてきていることを感じた。

当初は、我々が思い描いていたものをどんな形であれ世の中に出したいと思っていたのだが、だんだん違う考えが浮かんできた。別の会社と一緒にやることで、それぞれ思惑があり、結局、我々が目指しているサービスとは違うものが世の中に出てしまうな、と思った。

自分たちでやるしかない、と思い始めた。エッジとは「うまくいったらまた組みましょう」という形で、いったん距離を置くことになった。伊地知さんも「そのほうがいいでしょう」と賛成してくれた。

それが、二〇〇三年の十二月のことだ。

その後も伊地知さんのところへは、バイマが進展するたびに報告を兼ねて顔を出すようにしていた。

しばらくするうちにエッジは、買収して持っていたポータルサイトの名であるライブドアに社名を変更した。ベンチャーの旗手として知る人ぞ知る存在だった堀江さんの顔を、テレビや雑誌でたびたび目にするようになり、株価が一五日連続ストップ高になるなど、世の中を席巻《せっけん》していった。

株式一〇〇分割や球団買収、テレビ局の株取得が次々に話題を呼び、当時は六本木ヒルズに行くたびにライブドアが盛り上がっていた時期だった。社内も活気に満ち溢れていた。「バブルじゃないか」とも言われていたが、堀江さんたちは、膨らましていく中に次々と会社をつめこんでいけばバブルじゃないという考え方だった。

後にバイマがオープンしてからしばらくして、嬉しいことを副社長の伊地知さんに聞いた。ライブドアの採用面接をしていて、「どんなサービスを作りたい？」と志望者に聞くと、「バイマみたいなサービスをやりたい」という人が何人かいたらしい。

あるとき六本木ヒルズに行ったときに、新入社員を紹介してくれて「こいつがバイマのようなサイトを作りたいといって、入ってきたんだよ」と言ってくれたのが嬉しかった。

堀江さんへのプレゼンの二年後、二〇〇六年の年明け早々、ライブドアに検察庁の強制捜査が入る。堀江さんは逮捕され、当時の役員は全員ライブドアを去った。

そのとき一緒にやっていた副社長の伊地知さんは、現在、ゼロスタートコミュニケーションというベンチャーを立ち上げ、経営を続けている。伊地知さんとはそれからもずっと仲よくしてもらっていて、今、エニグモのサービス「プレスブログ」がライブドアブログと提携しているのも伊地知さんがきっかけだ。

人のつながりというのはビジネスにすごく活きているなと思う。

第2章

エニグモ誕生！

二人の仲間の加入（須田）

いよいよ会社を作ることに決めた。

腹をくくって、自分たちでやろうと決意したのだ。

バイマのアイディアを話し合ったクリスマスの夜から、ここに至るまで一年間かかった。

自分たちで金を集めて、会社も辞めて、自分たちの力でやっていこうという決断をそこでした。

ちょうど一円起業制度がスタートした年だったことも追い風になった。

つきあいが長く、よく人柄を知っていて、信頼できる安藤と藤井の二人を役員に迎えた。

「世の中が変わるサービスだな」という確信（安藤英男・エニグモ役員）

エニグモの創業に参加することになったきっかけの日のことは、はっきり覚えています。

二〇〇三年の冬、平日の夜でした。

その前日に、須田から久しぶりに連絡を受けたんです。用件はよくわからなかったけれど、とにかく「会いたい」という話でした。

須田とは、大学一年のときからの知り合いでした。学部も学年も、まったく一緒です。僕は東京の多摩ニュータウンで生まれ育って、大学もずーっと実家から通ってました。大学では、機械工学を専攻していました。材料力学とか、流体力学とかを使って、物理の理論をどう実践的に工業などに応用するか、勉強していました。

そういう勉強をする学部だったので、卒業生は自動車やバイクの設計・開発をしたり、重工業系のエンジニアリング部門に行く方が多かったですね。須田と僕と、たまたま共通の友人がいました。僕の高校のときの友だちが須田と一緒のクラスで、紹介されて知り合ったんです。最初は本当に、飲み仲間ですね。

当時、まわりのメンバーに東京出身者が多い中で、須田が唯一、一人暮らしをしていた。それで彼の部屋が溜まり場みたいになって、よく友人と遊びに行ってました。その須田の部屋が壁がうすいんですよ。大声を出すと、すぐに隣の部屋の人が壁をどんどんと叩いてきた。電話ボックスみたいなシャワーがあったことをよく覚えています。本当にみんなその部屋が好きで、須田がいないときでも、勝手にみんな部屋に入ってましたね（笑）。須田の部屋を中心に、学生生活を送ってました。

就職活動のときは、ちょうどインターネット元年で、「これからインターネットがすごい」という話が世の中に溢れていました。自分もイメージだけでしたが、たまたま理系というバックグラウンドを活かせる部分もあったので、インターネットのドメインを仕事にしたいと考えて就職先を探しました。

今まさに世の中を変えようとしているインターネットの世界で、その変革を起こす側の立場でビジネスをしたい、という感覚ですね。最先端のことに挑戦できるといいなと考えていました。最終的に電通国際情報サービスに入社したのは、ビジネスの領域もさることながら、一緒に働きたいと思う魅力的な方々が多かったのが理由です。「人」の部分が一番大きかった。

電通国際情報サービスでは、クライアントからの依頼を元にネットのシステムを一から構築する仕事に従事しました。

当時は楽天などが出始めた頃で、いろんな会社がECサイトを作り始めていたんです。そんなインターネットを使った物販システムの構築や、顧客データを活用したマーケティング（CRM）などが世間で言われるようになれば、クライアントの顧客データベースとインターネットを活用したCRMシステムを作ったりしていました。

仕事自体は、ディレクションがメインです。最初の一、二年目は現場レベルのプログラミングを学びます。そうするうちにシステム全体を作り上げる上で必要な工数や、どれくらいのステップを踏むか、人員と時間がどれくらい必要か、だんだんわかるようになってきます。

そのうちプロジェクトマネージャーとして、仕事を進めていくようになり、技術者のチームをマネジメントする力を身につけていきます。お客さんに提案書を書いて仕事をとって、プロジェクトを納期どおりに、利益を確保した上で完遂するというのが、求められる到達点でした。

最終的にはディレクションが仕事ですが、それができるようになるには、現場からすべてわからないといけなかった。おかげで幅広い知識やスキルが身につきました。一通りウェブのサイトを立ち上げてプロジェクトを推進していくというスキルが身につけられたのは、この会社のおかげですね。

電通国際情報サービスには九七年四月に入社して、須田と会ったときは五年目社員ですから、けっこう中堅どころの社員として仕事を任されるようになった頃でした。

須田と二人、渋谷の居酒屋に入り、個室に案内されました。

席についてビールが運ばれてきて、乾杯したところで、須田がかばんから封筒を取り出し、テーブルの上にそっと置きました。封筒の中には、分厚い企画書のようなものが入っていました。

声を潜めて「じつはすごいことを思いついた」と須田は言いました。そこで見せられたのが、バイマの計画書でした。

「世界初のネットショッピングのサービスを思いついて、立ち上げようと思っている」と。「ただ、かなりシステムとして見ると複雑で、最初は自分で作ろうとしたけれどなかなか難しそうだ。安藤にちょっと相談に乗ってほしい」

それがエニグモとの最初の接点になるところですね。

出会いはそこです。

当時はまだアイディアだけがあっても、フルタイムであれだけのサービスを立ち上げるパワーがなかった頃だと思います。どこかの会社と組んでやるか、体制について須田と田中の二人で試行錯誤していた時期でした。

ほどなくして二〇〇四年の年明けに、「自分たちでやることにした」という話を聞きました。

そのときに「一緒にやらないか」という誘いを受けたんです。

ただ当時僕は、電通国際情報サービスで、バリバリに働いていた。

平日はまともな時間帯に帰れる日は、一日もないような生活をしていた。バイマの企画書を見て、「これはうちが受けるとしたら、億単位の仕事だな」と感じました。会社の仕事と並行して、あれだけのサービスを立ち上げることができるだろうか、と不安になりました。

どう自分が貢献できるのかもわからない。

でも、「ぜひこのプロジェクトに参加したい」と強く思ったんです。

「最初にできることから、ちょっとだけでも手伝わせてほしい」と須田に告げたところから、バイマの立ち上げに向けて動きだしました。

「会社を立ち上げて自分たちでやるから、一緒にやろう」という話があったときは、須田と田中は博報堂をすぐ辞めるという感じでした。

僕の会社の場合は、引き継ぎが非常に大変なので少なく見ても数カ月はかかる。それですぐに「ちょっと他の二人と同じ深さで入るのが難しそうだな」と思った。

一緒にやりたいけれど、同じ深度で入れるかが不安だと言ったら、「じゃあ最初は監査役という立場でいい」と言ってくれました。この世界初のビジネスの創造に携われるというのがとても魅力で、やれることからやっていこう、と自分の中で実感が湧きました。

それから、最初のインキュベーションオフィスにはちょくちょく顔を出しました。

平日は会社があるので、土日とか、仕事が終わった深夜に寄るような日々です。

バイマのビジネス自体にものすごく共感ができて、「本当に世の中が変わるサービスだな」と確信だけはありました。いずれ会社を辞め、本腰を据えてがっちり取り組みたいと思いつつも、今この目の前のプロジェクトをどういう体制で進めるべきか見えない時期がしばらくありました。

「面白いアイディアだ、しかもメンバーがいい」(藤井真人・エニグモ役員)

高校は神奈川県の県立高校を卒業し、一九九四年に慶應義塾大学の湘南藤沢キャンパス(SFC)に入学しました。ちょうどその二年後に、世界最初のブラウザであるモザイクによるインターネットが始まって、SFCの村井純教授が「インターネットの父」として話題になっていた頃でした。

高校三年生まで自分はコンピュータにはまったく興味がなかったんです。しかし、時代の波と今後のことを考えると、コンピュータにも学生のうちに触れられる学部がいいのかなと思いました。受験勉強中にアルビン・トフラーの『第三の波』を読んだりしたことも影響していると思います。

SFCは、その当時は他の大学には類を見ない画期的かつ面白い学部(キャンパス)で、法学もできれば経済学も心理学も建築もデザインも株式も勉強できます。入学する学部によって最初に文系、理系などの領域が規定されないため、各領域の事象が複雑に絡み合っていることが多い世の中の問題を解決するとか、ビジネスマンとして多面的な視野を身につけるのにはいいところなのかな、と考えました。

そのSFCで僕が入ったのは、ファイナンス、財務のゼミだったんです。大学生活前半の二年間は企業経営に関する授業を中心としてさまざまな領域の授業に顔を出し、後半の二年間はファイナンスの勉強をしていました。ＳＦＣの中でも厳しいゼミでした。

具体的には債券とか株式とか企業財務を勉強するゼミで、そこではゼミ長も務めました。業界を決めて各企業の財務分析をして、レポートにまとめたりするような勉強です。ある株の銘柄の適切な株価を考えたり、オプションとか、デリバティブズとか、ブラックーショールズ理論とか、何やら小難しそうなワードが並ぶ、金融の最先端商品を研究するゼミでした。

そんなゼミでしたから、同期の仲間はほとんどみんな金融業界に就職しました。

ゼミ代表がなぜ博報堂に就職するの？　みたいなことをよく聞かれました。

あえて広告会社に行ったのは、広告自体に興味があったということと、学生のときから起業したいという気持ちがあったからです。

広告会社では仕事を通じていろいろな人に会える。広告会社の仕事というのは、銀行の人にもレコード会社の人にも会えるし、トップから現場の人まで会うことができる。いろいろな人にプレゼンできる。大学時代から多様な領域に顔を突っ込み、そのメリットを感じていたので、幅広い分野の人に会えてさまざまな角度からビジネススキルを身につけることができるというのは、非常に魅力的なことだったのです。

いくつか広告会社を受けましたが、最終的には人で博報堂を決めました。

「夜遅くまで働くことを考えると、一緒に働く人間と合うかどうかが大事だな」と思いました。

と同時に、「博報堂はこれから企業経営を柔軟にやるために、株式上場するんじゃないか」と考えていました。財務を勉強していたので、未上場会社の財務データを大学の図書館で調べた結果からも、株式上場の可能性が高いと思っていました。

また、広告業界にもグローバルな波が来ていたし、押し寄せる海外の広告会社に対して経営的な判断が必要な時期を必ず迎えるだろう、と。あれほど大きい企業が上場するときに立ち会えるかもしれないという点はとても魅力でした。実際、それから数年後に、博報堂は上場することになります。

そのような考えを持っていたので、最初は経営企画室を第一志望にしていました。しかし「新人が行けるところではない」と人事の人に怒られて（笑）、結局、二番目に志望していたマーケティングの局に配属されました。

いろいろなご意見があると思いますが、マーケティングはすべての部分で企業の核となっていると思います。

最初に財務があっても、営業があっても、企業活動はスタートしませんが、マーケティングがあれば商品・サービスが規定され、ビジネスが始まります。将来、起業をするときのためにマーケティングの実践をしておきたかったということもあります。

社会人一年目の時代は、トヨタ自動車を担当していました。冬くらいまでは鎌倉の実家から通っていましたが、江ノ電の終電が早かったので、今も住んでいる都内に引っ越してきました。

そして、博報堂の同じマーケティングの部署で、田中と須田と知り合いました。

田中とはお互いに、ある携帯電話会社を担当するチームでした。

田中は同じチームで会社の席ではまさに横に座っており、信頼関係ができていました。会社の打ち上げの場や、日常の会社生活の中で起業についても話したりしたことがあったので、「自分で事業を起こす」ことに対して、ものすごく田中が積極的であることもわかっていました。

二〇〇三年の年末だったと思います。平日の夜に会社で仕事をしていたら、田中が「ちょっと藤井、時間ある？」と声をかけてきました。

「ああ、いいよ」と返事をしました。部内では、真剣な話をするときに局長室に行って話すことがありました。局長室に二人で入るとすぐに、「じつは新しいビジネスを始めようと思うんだけど」と田中が言いました。

驚いて「マジで。それは一人でやるの？」と聞いたら、「いや、違う。藤井も知っている奴と一緒にやる」と田中は言いました。

「え、ここにいる？」と聞きました。

局長室はガラス張りなので、フロアが全部見えました。同じフロアに、田中と仲よくしている千田《ちだ》という名前の男がいて、そのとき見えたので、「千田か？」と聞いたら、「違う、惜しい」と。

当時、「須田も将来、何か大きいことをやりそうだな」と思ってはいましたが、起業を考えているとは、そのときまで予想もしていませんでした。

「千田（チダ）が近いということは、まさか、須田（スダ）か？」と聞いたら、「そうだ」との返事。

「どんなビジネスをやるんだ？」と聞いて、初めてバイマの原型の話を聞きました。

それを聞いて、「面白いアイディアだ。しかも、さだ（田中）と須田とは、メンバーもいい。自分も将来的に何か一緒にできたらいいな」と心の中で思いました。

そのように思いながら席に戻ったところ、田中は僕にすぐメールを送ってきました。

「取締役」という件名でした。

「もしよかったら人員も足りないし、一緒にやってみない？」という内容でした。

すぐに僕は、「やる」とメールの返事を書きました。

「ただ、やるんだったらがっちりやりたいし、入るんだったら取締役で入る。できればCOO（最高執行責任者）のポジションが欲しい」とメールに書いたことを覚えています。

そのときのことを田中は「まったく覚えていない」と言うんですよ（笑）。まったくあれで僕の人生が変わったというのに。

あのメール、とっておけばよかったな、とよく思います。

社名は「ハングリーレイジ」？（須田）

四人がそれぞれ出資金を一〇〇万円ずつ出し合い、最初は四〇〇万円で会社を設立した。

まずは会社を登記しなければならない。

登記するためにはまず何より先に、会社名が決まっている必要がある。社名がなければ銀行で口座も開けないいし、電話すら引けない。

パートナーの会社と計画を練っていたときにも、いずれ会社を作ろうとは思っていた。が、どのタイミングで作るかは明確になっていなかった。サービスが立ち上がった頃に、会社も辞めて作ればいいだろう、と気楽に考えていた。

だが、その会社と完全に離れたことで、「まずは最初に会社がないと始まらないだろう」と田中と話した。

それまではパートナーの会社が発注したり、お金を工面したりできると思っていた。

そこと関係が切れた以上、自分たちが発注をしなければならないが、個人を相手にシステム会社が何千万円もかかる仕事を引き受けてくれるわけがないし、契約を結ぼうにもこちらが法人でなければできない。

まずは社名を決めることが第一だ。

博報堂の会議室に、田中と藤井と僕の三人が集まった。安藤は仕事の都合で来られなかった。

三人でブレストをしながら、ホワイトボードに社名の案を書き出していった。

「タリーズでよくお茶をしていたから、お茶をしばくというイメージで何かできないかな」

「カフェラテをよく飲んでバイマの話をしてたからな。ラテをもじったような名前とかもいいね」

いろいろと話し合うが、なかなかよい案が出てこなかった。

「ハングリーレイジというのはどう?」と案が出た。

「レイジ(Rage)」は、荒れ狂うとか大流行とか猛威という意味だ。常にハングリーで荒れ狂うって、わんぱくでいいかもなと思った。

「『飢えた怒り』って、ちゃんとした会社に見えない」という意見が出てボツとなった。

「うーん、難しいな」

しばらく考え込んだ。

「エニグマ……というのはどうかな。『謎』って意味なんだけど」と田中が言った。

田中がＭＢＡ時代に大学教授に言われた印象に残る一言だったそうだ。

「お、謎か。いいかもしれないな」

パソコンで検索してみると、エニグマという名前のアーティストがいた。「enigma.com」でドメインもとられていた。

「エニグマ暗号」という言葉もわりと一般的に知られているようで、「独自の名前のほうがネット検索で引っかかっていいよね」という話になった。

それで「エニグマ」という言葉の活用形を、ホワイトボードに書き出していった。

「エニグム、エニグメ、……エニグモ！」

「それだぁ！」

三人の意見が一致した。グーグルで検索しても、「エニグモ」という単語は存在しなかった。もともと「クモの巣」という意味を持つウェブのビジネスなので、語尾をグマからグモ、つまりクモに変えたのも象徴的に感じた。

社名が決まった。

まったく新しい言葉であることもあり、最初はそんなにしっくりしていなかった。聞き慣れない言葉のために、よく電話で間違えられることもあったが、使ううちに非常に「エニグモ」という名前に愛着が湧いてきた。

今では本当にこの名前にしてよかったと思っている。

エニグモという名前には、謎とかミステリーという意味が込めてある。今の世の中ですぐには理解されないことであっても、先見の明を持って、新しい価値やビジネスを見つけて、世の中に送り出していくという意志。たとえまわりに「あいつら何やってるんだ」と言われても、自分たちのビジョンを信じて、その実現に向けてがんばるという意気込みが、この名前には込められている。

余談だが、後日、「ハングリーレイジ」という名前になりそうだったことを、営業の若手に話してみた。

「売れないロックバンドの名前みたいっすね」と一蹴《いっしゅう》された。

つけないでよかった。

社名の名づけは簡単なようで、じつは大変なので、起業するときに多くの人が必ず悩む。でも、名は体《たい》を表すので、非常に大事だ。

エニグモにしてよかったと本当に思う。

出資を募り、六〇〇〇万円集まる（須田）

四〇〇万円の資本金で、株式会社エニグモを設立した。

だがそれだけの資金では、システム会社に発注するにはとても足りない。バイマの規模のシステムには、立ち上げてからしばらくの運営費を入れると、少なく見積もっても二〇〇〇万円以上の金がかかりそうだった。

そこで、株を発行し、出資を募ることにした。役員各自が、本当に信頼できる友人や知人、親戚や会社の同僚などにビジネスプランを話して出資を募っていった。

博報堂や、電通国際情報サービスといった大手企業を辞めて、リスクを背負ってまったく新しいことをやっていくんだという姿勢に共感してくれたのか、とても多くの人が応援してくれた。

アイディアに賛同してくれたこともあったが、何よりも、我々の志《こころざし》に共感してくれた気がする。久しぶりに連絡をとって「出資してくれないか」と相談したところ、「そもそもお前がやるんなら、別に事業が何であっても、アイディア聞かなくても出すよ」と言ってぽんと一〇〇万円を出してくれた高校時代の友人もいた。

最終的に、個人的なつながりのみで、六〇〇〇万円の金が集まった。

この金を元手に、システムの開発やプロモーションを行っていくことにした。

後日、いわゆる金融の専門家やプロの経営者、ベンチャーキャピタルなどの人たちにこのときの出資の話をすると、「創業者と同じ条件で出資を募るなんて、そんなバカなことをよくやりましたね」といったニュアンスのことを言われることがあった。

僕たちは当時、そんなことを考えもしなかった。「バイマを世の中に出すことを応援してくれる人たちとは、みんな一緒にやろう」というピュアな心だった。

格安パソコン「モンスターマシン」（須田）

エニグモの最初の事務所として、青山一丁目にあったインキュベーションオフィスを借りた。家賃七万円。光熱費を入れて月に一〇万円という安さが魅力だった。パーテーションで区切られたオフィスのワンスペースだ。

備品はテーブルが一つ。僕と田中が入ると、それでもういっぱいになるような狭さだった。

創業時、ほとんどお金のない状況の中で、オフィスの設備を整えるのも、とにかく節約を心がけた。

パソコンは、田中と二人で新宿に行き、ソフマップで格安パソコンを一台買った。その名も「バーガーパソコン」と言う。当時、マクドナルドの格安バーガーが人気だったところから、リーズナブルイメージを狙ってネーミングされたようだ。ちょっと格上のパソコンには、「牛丼パソコン」という商品もあった。

そんな格安パソコンでも、エニグモ最初のデスクトップマシンである。敬意を表して、社内では、「モンスターマシン」と呼ぶことにした。

半年後、煙を出して不遇の死をとげるとは、そのときは想像もつかなかったのだが。

オフィス環境で、一番お金のかかるのは、何といっても家具だ。

ラッキーなことに、ある方にご紹介いただいたファンドマネージャーから、「無料で家具をあげるよ」という話をいただいた。

その方が勤める外資系金融会社が日本から撤退することになり、廃棄するオフィス用品を分けてもらったのだ。

行ってみたらバブリーな会社で、一脚二〇万円近くするアーロンチェアがゴロゴロしていた。「やった！」と思ったが、ファンドマネージャーの方から、「アーロンチェアがあるベンチャーは成功しない」という格言（？）をいただいた。

そこで、もらうのは一般的なオフィスチェアにとどめた。

その会社は、エスタブリッシュメントな会社がひしめく有名ビルに入っていた。日中はスーツのビジネスマンで混み合っている。

その中を私服の我々四人が、チェアをガァーッと押してロビーを横断し、タクシーに乗せて運搬した。今思えば、かなり場違いだったと思う。

いただいたチェアはすべて違うタイプで、不揃いの四つのチェアが並んでちぐはぐな印象になったが、逆にそれがベンチャーっぽくて好きだった。今でも記念に使っている。

ベランダには通販で買ったサンドバッグを置いていた。田中は空手を趣味でやっていて、僕は高校のときにボクシング部だった。仕事の合間にストレス発散ができるんじゃないか、と単純なアイディアから買ってみたのだが、雨水が染み込んで、土台の砂がめちゃくちゃ臭くなったのですぐ捨てた。

年収九〇〇万円からゼロへ（田中）

エニグモを設立した時点では、まだ四人とも会社に籍が残っていた。

設立の二週間後に、まず僕と須田が上司に辞意を伝えた。藤井が関わっていることは言わなかったが、それでもけっこう部としては衝撃的だったようだ。

その時期はちょうど、面談の時期だった。今期の目標についてや、これまでの実績、業務の成果について、上司と話す面談が設けられていたのだ。

僕と須田は、ほぼ同じ時間帯に、それぞれの上司に辞めると告げた。

会社側になるべく迷惑がかからないように退職の話や時期を決めた。結局、僕も須田も、辞めるまでにそれから四カ月くらいかかった。

博報堂での毎日は一言で言って、非常に楽しかった。

前にも言ったが、博報堂は辞める人がほとんどいない。

給料は高いし、仕事は楽しいし、忙しいときは忙しいけれど、自由度は高い。営業はスーツを着て九時半出社が基本だったが、それでも他の会社と比べたら自由だし、マーケティングとか制作の社員はスニーカーにTシャツでもよかった。業務裁量制度であったため、自分でスケジュールを管理し、早く出社する必要がなければ夕方に出社してもいい。生活も充実しているし、文句はなかった。

だが、少し働いているうちに、僕も須田も「このままでいいのかな？」と思うようになった。居心地はよいけれど、それだけに、油断していると、気付いたら四〇歳や五〇歳になってしまう。

一生、博報堂で働いていく人はいいが、起業して勝負に出るのであれば、このままではまずい。そうした焦りがあった。

広告が天職だと割り切っている人にはいい環境だが、自分で事業を興したいとか、世の中を変えたいと思っている人には、一生いるところではないような気がした。

大手の代理店を辞めて起業する人は、ほとんどいない。おそらく一割もいない。みんな自分がやってることがすごく好きだし、待遇もかなりよいから、それをあえて捨てて、リスクを取ってまで起業しようという人はほとんどいない。

博報堂の給与体系は、国内でも高水準である。

当時、僕も須田も三〇歳だったが、九〇〇〇万円ほどの年収があった。辞めればそれは当然ゼロになる。だがそのことに不安はなかった。

「Life is short, make it count.（人生は短い、意味あるものにしろ）」

そう考えていた。

困難な道を選ぶ（須田）

自分の行動規範の一つに、「道に悩んだら自分にとって困難な道を選ぶ」というものがある。そのほうが結果的に自分にプラスになることが多いというのを、子どもの頃からなんとなく感じていたからだ。

高校時代に、物理でエネルギーの法則を習ったとき、これだと思った。エネルギーは抵抗が大きいほど、多くのエネルギーが蓄えられる。困難な道のほうが、自分に蓄えられるエネルギーは大きく、プラスになるのだと思う。

そのため、リスクに対しても、とりあえず取るという生き方をしてきた。もちろん取り返せないようなものを失うリスクはそう簡単に取らないし、リターンが割に合わないくらい低いものは避けるが、お金や地位、快適な時間などは、挽回可能なので、そういったものを失うリスクなら、リターンを目指して取ってきた。

その結果、いろいろなものを得てきたと思っている。そして、今、思うのは、リスクは若いうちに取ったほうがよい。取り返せないようなものが増える前に。

システム制作会社を決める（須田）

二〇〇四年の二月下旬に、システム会社に発注をかけた。

バイマを発注するシステム会社を選考するにあたって、ネットで見つけた制作会社のうち三社から見積もりを取った。そのうちの一社からは内容を伝えてすぐに「うちの会社では無理ですので、やめたほうがいいです」と社長本人が言ってきた。

もう一社は早稲田にある学生ベンチャーが始めた会社だった。その会社からは、最初の制作費を半分くらいに抑える代わりに、その後、売上が立ってきたらその分の何パーセントかをもらえないかという提案をされた。

最後の一社が、やはりベンチャー出身だが、いまや大手で上場もしているＩＴ企業だった。

結局、その会社が、最も安い金額を提示してきた点と、上場しているから信用できるだろうという点で、第一候補になった。まだシステム会社の選択基準がよくわからなかったのだ。

その後、藤井が値段を叩くのが得意だったこともあって、どんどん下がっていき、かなり安くなったので「じゃあここにしよう」と決まった。

非常に複雑なシステムだったので、発注してすぐに、何度も話し合いを持つことにした。深夜に集まって、その打ち合わせにはシステムがわかる安藤にもなるべく参加してもらうようにした。

完成までに半年くらいかかりそうだった。辞めるとはいえ会社の引き継ぎにも時間がかかっていたので、タイミングとしてはそう悪くないかなと思った。

二〇〇四年の二月に発注して、その年の八月くらいに立ち上がるイメージで走り出した。その間、システムの仕様を固め、テストをやったり、我々は会員を集めるためのプロモーションやマーケティングなどに取り組むことにした。

同時に、青山のマンション一室に事務所を構えた会社の、基本的なオフィス環境を整えたりもしていった。

田中は当時、まだインターネットもつながっていないオフィスに行って、ぼーっと時間をつぶしては帰ってきたりしているようだった。

決済の仕組みをどうするか？（須田）

バイマを使ってもらうためには、システムを整えるのと同時に、詐欺《さぎ》などが起こらないようにするための決済システムを確立させる必要があった。

当時、ヤフーや楽天で商品を持っていないのに出品し、注文が入ってから買い付ける行為が問題化していた。金が支払われた後で商品が仕入れられなければ詐欺になる。そうした行為をする人は「自転車操業師」などと呼ばれていた。

ネットを利用した詐欺行為が社会問題化しつつあったのである。

立ち上がったばかりのサービスでそうした犯罪行為が行われれば、死活問題となる。

そこで決済の仕組みについて、役員四人で話し合いを重ねてブラッシュアップしていった。

基本的には、売り手と買い手の間の決済に、バイマが入ることで安全な仕組みを作ろうと考えた。

まず買い手からお金を預かって、商品が到着したことが確認できたら、売り手に預かった金を払うという非常にシンプルな仕組みを思いついた。買い手は商品が届かなかったり注文したものと違うものが届いたら、お金を支払う必要がない。そのため自転車操業師のような詐欺まがいの行為は起こりえない。

だが、その仕組みの実現までには、数々の試行錯誤と、ものすごい苦労があった。

最初は銀行でやれないかと考えていた。振り込んでもらったのを確認後に、発注して、届いたら払ってあげる。届かなかったら返してあげるというモデルだ。

だが銀行には、自動的に振込みを確認するというシステムがなかった。また振込みにも手数料がかかり、キャンセルがあった場合の返金にも手数料がかかる。さらにリアルタイムの取引が銀行では不可能ということもわかった。

次に、メールで送金ができるサービスを検討したが、取引の市場がすごく小さくなってしまうことがわかり、あきらめた。

携帯電話の料金から引き落とすというアイディアもあった。高校時代の友人でドコモに勤める知り合いに、そういう決済サービスがないか聞いたりもした。だが、当時はお財布ケータイなどのサービスも始まっておらず、それもできなかった。

いろいろ考えたが、どれも我々が考えるサービスの決済には向いていなかった。

あまりやりたくない決済方法ではあったが、我々が一時的に決済のための金を立て替えるというモデルも考えていた。しかし、これは取引が増えれば増えるほど扱う金額が大きくなる。一〇〇〇万円単位であれば、調達して集められるだろうと考えたが、増えていけば一〇億円単位の資金が必要になることが目に見えてきた。

「そこまでサービスが大きくなったら、銀行も絶対に放っておかないだろう」と思ったが、これは最悪、どうにもならなかったときの最終手段にすることにして、さらに決済方法を探っていった。

最終的に落ち着いたのは、クレジットカードを使った決済だった。

一〇〇万円のショッピング枠があるとする。買い手は気に入った一万円の商品があったら、それをクリックして、一〇〇万円の枠の中から金額分一万円の与信を取る。この時点ではまだ決済は行われていない。

バイヤーは与信が取れたことを確認した上で、商品を購入し、送付する。買い手は商品が到着後、決済を確定させると、バイマからバイヤーに一万円が支払われる、という仕組みだ。

この仕組みを実現するには、カード会社にも与信枠の確保や、キャンセルなどに対応するシステムを整えてもらう必要があった。我々とオンラインでネットワークをつなぎ、リアルタイムでユーザーに対応できる決済システムを作っていかねばならなかった。

そこでいくつかのカード決済の代行会社にアポイントをとって、会ってみた。

数社に我々のアイディアを打診したところ、だいたい感触としてわかったのは、普通のネットで探して見つかるような決済会社はどこも手数料が高く、あまりカスタマイズが利かないということだった。そのためバイマで導入するのは、手数料の面でもカスタマイズの面でも無理ということがわかった。

そして、大手のカード会社は、我々が提案したような新しい決済方法についてまったく積極的ではなかった。大手は今持っている商品で十分儲かっているので、売れるかどうかもまったくわからないベンチャーの新規ビジネスのために、リスクを取って新しいことをやる必要がなかった。

もう一つ、カード決済には大きな課題があった。

通常、カードによる買い物は、決済がされて実際に入金されるまでに二カ月くらいかかる。

カード会社が入金を確認し、いったん締めてバイヤーに払うまでに、マックスで九〇日くらいかかることがわかった。

バイヤーの立場からすれば、立替で買い物をして、入金されるまでに三カ月もかかったら、誰もやらないことは目に見えていた。

決済を早めるために、ファクタリングという債権を現金化してくれるサービスを使うことも考えた。しかしカード会社に手数料を払ってそこにも手数料を払ったら、事業として回らない。

暗礁に乗り上げつつあった。

いろんな人にあたってみる中で、大学の友だちの一人が、最大手ではないが中堅のカード会社の上層部を知っていると聞いた。紹介してもらい、その人のところに行ってみた。

すると非常に面白い人で、バイマのことを気に入ってくれた。

「ネットの事業は初めてだが、チャレンジとしてやってみよう」と言ってくれた。

手数料も他と比べて安くしてくれた。何より大きかったのは、懸念材料だった決済期間を大幅に短縮してくれたことだ。通常は月単位のカード決済の締め日を、一〇日単位で月に三回締めて、支払う仕組みを作ってくれたのだ。

必要は発明の母で、この方法にたどり着いた。バイマを実現する上で、いちばんの高いハードルがこの決済システムの確立だった。

これができなければ、絶対にバイマは事業として成り立たなかった。

世界初の決済システム（須田）

この決済システムについて、ユーザーの側から非常にうまく紹介している文章を紹介する。

BuyMaってそもそも何？　の疑問にお答えします。

バイマとは簡単に言えば、誰もがバイヤーとなってお勧め商品をバイマ上で紹介し、それを欲しいと思った人に売れるシステム。

バイヤーとして興味がある方はご自身で調べてもらうとして、ただ単に買いたい方のバイマの利用方法はこんな感じになります。

出品されてるものを買いたい場合も、欲しいものを世界各地のバイヤーに探させて値段交渉することも可能です。

たとえば私の「フランスコスメレポート」で紹介されているコスメを買いたい、またはこないだのフランス旅行で買い損なったアレを買って送ってほしい、という場合もリクエスト機能を使ってお応えできるわけです。

気になる支払い方法ですが、それこそがバイマがここまで大きくなった理由です。代金のやり取りはバイマが間に入ってバイマが支払い・請求をします。

バイヤーは直接購入者から代金をもらうのではなく、バイマからすばやく支払われますし、購入者は商品が届かなかったり、問題があればバイヤーと相談し、その間の支払い義務はありません。

個人間での売り買いにまつわる不安と面倒とタイムラグがないんです。バイヤーが商品を送ったら「送付済み通知」、到着したら購入者はバイマに「到着通知」をします。その後バイヤーにはバイマから商品代金が振り込まれ、購入者には選んだ支払い方法でバイマから請求されるといった具合（振込みの場合は入金確認後に商品送付。ただし私は扱ってません。海外なもので）。

またバイヤー保護のために、万一商品が届かなかった場合でもバイマからバイヤーに代金が支払われます（バイマ補償二〇万円まで）。購入者側はそもそも商品が到着してないのだから支払い義務はありません。

このシステムのおかげでバイヤーはかなり安心して商品のやり取りができます。

購入者はPCで商品を注文し、支払い方法を選んだら、バイヤーからすぐに返事がきますから、疑問はこの時点で解消できます。買い物前に詳細データを何度も確認することもできるんです。

初めはちょっとどきどきですけど、慣れればまったく面倒なくやり取りできて、個人的には家族間、友人間で使いこなしたいシステムだと思っています。

しかもバイヤーの受け取り口座が、この七月より外国の銀行口座でも可能になるんです！

すばらしい！

これからも面白くて効き目のある商品をがんがん載せていきますので「コートダジュール」(http://abcnt.jugem.jp/) をチェックしてみてくださいね！


バイマがスタートしてから二年半が経過したが、この決済システムのおかげで今のところ大きなトラブルは起こっていない。

夜逃げされた（須田）

決済の方法が確立し、バイマの完成がようやく見えてきたかのように思えた。

だが、また暗雲が押し寄せる。

システム会社の雲行きが、だんだん怪しくなってきたのだ。

「本当にできるのか」という感じになってきたのである。完成は八月初旬を予定していたのだが、五月になっても、六月の中旬になっても、いつまで経っても進んでいる様子が見えなかった。

なにかおかしい……（安藤）

そのときはまだ前の会社でばりばり働いていました。日中はクライアントの会社にいて、そこのシステムを作っているので、抜け出せません。僕の体が空くのは夜中と土日だけでした。

平日の夜に仕事を終えて、新宿の新井薬師にある電通国際情報サービスから、博報堂のあった芝浦によく行ってました。

向こうのプロジェクトリーダーとその下請けのシステム会社の方、須田、田中、藤井、私の合計六人で、夜八時にスタートして、朝六時に終了みたいなミーティングを繰り返しながら、バイマの細かいところまで詰めていきました。

前にも言いましたが、バイマは僕がもともといた会社なら、億単位の金は余裕でいくような開発規模のシステムです。

ところがその会社から出てきた見積もりの提示は、「え、こんなに安くて本当に作れるの？」というような金額でした。

当時、オープンソースのアーキテクチャを活用して、低コストでシステムを構築できる会社が増えていたことは認識していたんですが、それでもびっくりするくらい安い金額でしたね。

スケジュール表みたいなものはもらっていましたが、すごくざっくりとしていました。当時の会社で受注するようなシステム構築の案件ならば、非常に細かい仕様書をしっかり書きます。スケジュールもびしっと決めて、クライアントにレビューをお願いして、「何月何日はこの作業をして、こういうものを出すので承認をしてほしい、動くものからどんどん見てほしい」といったステップを踏むのが普通です。

その会社は、そういう目に見える形の報告書が、一切なかったんです。

夜通しのミーティングを何回もやって、「できてますか？」と聞くと、「できてます」という返事が返ってくるだけでした。

ただ、こちらもお金がないので、報告書やドキュメントを整備してもらう費用も払っていませんから、文書を請求することもできない。

プログラマーの方々にお会いすることも、開発の現場に足を運ぶことも許されず、その人の「できてます」という言葉を信用するしかない状況でした。

「これは大丈夫なのかな……」と思いましたが、著名な会社だったので、「まあこういう進め方もあるのかな」と思いながら徹夜のミーティングを重ねていきました。

その間、なんら成果物は見せてもらえませんでした。

七月中旬になった。

僕と田中は、先月に博報堂を辞めて、バイマのプロモーションに専念していた。

システムを発注した上場会社から連絡があり、先方に出向いたところ、

「すみませんが、ちょっと完成が遅れそうです」と言われた。

冗談ではない。我々は予定していたサイトのオープンに合わせて、プロモーションを打ったり、リリースの準備をしている。マスコミを集めてのイベントも計画が進んでいて、ＰＲ会社を雇い、案内を出したりするなど、さまざまな仕込みをやっていた。

「今さらそんな遅れるなんて、冗談じゃないですよ」という話をした。

でもどうしても無理だ、ということで「じゃあ、いつなら確実に大丈夫なんだ」と確認した。

「今ならまだ仕切り直せるから言ってくれ」と。

担当からは「八月〇日にはどうにか……」という返答があった。

「仕方ない、わかりました。だが、それで一切の変更はなしでお願いしますよ」と念を押した。

我々はすぐに関係者全員に連絡をとり、延期を詫びて、仕切り直すという話をした。

約束の八月〇日の一週間前。

再び担当者から電話があった。

「じつは……、うちが下請けに出していた会社の社長が、夜逃げしました。期日までにシステムを完成させるのは、一〇〇パーセント無理です」

唖然《あぜん》とした。すぐに田中と二人で先方のオフィスに向かった。

「ありえない」という話をして、担当を問いつめたが、「どう言われても無理なものは無理」という返事が返ってきた。

おいおい……。しゃれにもならないよ。

前述したように我々が頼んでいた会社は、上場している有名な会社だった。だが、そこが丸々下請けに出していた。その下請けの会社が夜逃げしてしまったという。

契約は親会社としているので、責任問題は何とかそこと話すことができそうだった。だが逃げられてしまって、半年間の期間と、開発やプロモーションに使ったお金を取り返せないのかと思うと、絶望的な気分になった。

契約上、作った金額以上は補償しないということになっていた。

世界初のこのアイディアを、とにかく早く世に出したいという思いだけで、突き進んできた。その半年間の努力が、まったく無駄になってしまった。

そのときに初めて「会社を辞めたんだな」と実感した。

手ぶらになってしまった。金もない。後ろ盾もない。システムも完成しなかった。

ちょうどその日、田中と二人で、ある韓国系のネットベンチャーが主催するクルージングパーティーに呼ばれていた。二人ともあまりのショックに、まったく行く気がしなかったが、約束した以上行くしかない。

パーティーにはたくさんの着飾った男女が出席していた。

著名な空手家や、女性タレントなども来ていて、非常に華やかな雰囲気だった。

だが僕と田中の周囲にだけは、真っ暗な空気が漂っていた。

しまいにはあまりに二人の雰囲気が暗いので、主催者から「すみません、そこでどんよりされていると会場の空気が沈むので、下に行ってもらえますか」と言われ、パーティー会場を追い出された。

デッキ下のベンチに二人で並んで座って、無言で海を眺めた。

「やっちまったな……」

「ああ……」

自分の金であれば、失っても別のことをやればいいと思うが、我々を信頼し出資してくれたお金を失ったことで、友人・知人に申し訳ないという気持ちでいっぱいになった。

会社を設立して以来、あれほど凹《へこ》んだことはない。

「時間を返してくれ」（田中）

しかし、いつまでも落ち込んでいるわけにはいかない。

翌日には気持ちを切り替えて、「絶対取り返して、新しい会社に発注するぞ」と決めて、すぐに交渉に入った。

我々が発注した会社の対応にも腹が立った。

「小さいベンチャーがうるさく言ってきているから、とりあえず話を聞いておくか」くらいの態度だった。

これが博報堂とその会社だったら、ぜんぜん違う対応だっただろう。看板がなくなったというのを実感しつつ、「今に見てろよ」という気持ちを強くした。

弁護士事務所に連絡し、発注先の親会社の法務部と折衝を開始した。


僕らとしては何らかの形で賠償をしてもらわないと次に進めない。

本当に死活問題だった。弁護士と共に交渉するのだが、言いたいことがあり過ぎて、なかなか言葉にできない。藤井がいちばん血気盛んに机を叩きながら交渉した。その親会社ももともとは、ベンチャーから大きく成長した会社だった。

「僕らはすべてを捨てて、リスクを取って、ベンチャーならではの夢に賭けて起業したんです。友だちや親戚にお願いして、一口ずつ集めたお金をかけて、そのみんなの夢が詰まっているシステムを、ちゃんと作ってくれると言ったから、そちらにお願いをしたんです。御社も、ベンチャーを応援する会社なんでしょう。その会社がこういう形で無責任に放棄していいんですか」

僕たちは必死だった。そういうことがはびこってはいけないし、そもそも泣き寝入りするメンバーは一人もいない。須田と藤井が主に交渉にあたり、結果的に、システムの発注額以上の金額は取り戻せた。四人の大人が半年近く必死に働いて、それを金銭化して入ってきたはずの収入を勘案してもらった。

お金の面ではプラスになったが、「時間を返してくれ」という思いで、嬉しさはなかった。だが一銭も取り戻せなかったら、本当にバイマの計画は頓挫《とんざ》していたかもしれない。

後日、夜逃げした会社が作ったシステムもそこそこできてるのでは、と思って、発注した会社が委託した仲介人に安藤が聞きに行ったが、五〇パーセントもできていなかった。

これを引き継ぐよりも、ゼロから作ったほうが早い。

本当に半年間を無駄にしてしまった。

第3章

世界初第一弾　バイマ、オープン

福井にあるシステム会社（須田）

二〇〇四年の八月の終わり。

僕と安藤と入社したばかりの森の三人は、福井県の山中を、車で走っていた。バイマを新たに発注することになった、福井のシステム会社が持っている保養所に向かっていたのだ。

当時、安藤はまだ会社で働いていたために、土日を使って来てもらっていた。

システム会社を選ぶにあたって、知名度だけで選ぶと失敗するという大きな教訓を得た。上場している会社だから安心ということはない。今考えると、最初に頼んだシステム会社は、バイマのような巨大なシステムを組むには適していなかった。丸投げされた下請けの会社は、いわゆる「ホームページ屋さん」で、とてもバイマのような膨大なトラフィックが予想される巨大なシステムを作れる力を持っていなかったのだ。いわば自転車屋さんに車の設計を依頼したようなものだった。

できないところにはできない。もう僕たちには後がない。次の失敗は許されないのだ。

そこで次は、実際に巨大なシステムを組む仕事をした経験のある人から、会社を紹介してもらおうという考えに切り替えた。

「どういう人がいろんなシステム会社とやりとりをしているだろうか」と考えたときに、メーカーのエンジニア部門の部長さんという存在が浮かんだ。

伝手《つて》をたどって、あるメーカーの部長を紹介してもらい、システム会社をいくつか紹介してもらって、連絡をとった。システムの概要を伝えて、見積もりと計画書を提出してもらう。いくつか出てきた見積もりの中で、最も綿密に工程が書いてあり、いちばん信頼できそうで、かつコストパフォーマンスがいいシステム会社を選んで発注した。

それは福井にある会社だった。

福井にあるだけに、人件費も東京に比べれば安い。東京の大手の保険会社や、ネット銀行などの大きなシステムを作った実績があり、すごくテクニックを持っているらしい。

とはいえ、以前の会社に比べれば発注額も倍以上かかった。取り返した分を、まるまるつぎ込むことになるが、ちゃんとしたシステムを作ることが何よりも最優先だ。

東京ではなくて地方にあるというのがまたいいなと思った。「大都市やマスコミから発信される価値ではなく、世界中のその場所にしかない価値を再発見する」というバイマの理念にも合っている気がした。

後に仕事を共にするようになって、社長さんはすごく地元の福井を愛している人だということを知る。その街で若者が働ける環境を作ってあげて、都会に行かなくても最先端の仕事ができて、地元の普通の会社で働くよりもよい給料が得られるということにこだわりを持っていた。そんな経営姿勢だから、地元の優秀な人たちがその会社にはちゃんと集まってきた。

五人目のメンバー（田中）

二〇〇四年の夏頃、エニグモに五人目のメンバー、森が入社してきた。森は僕と高校が一緒だった。卒業後はほとんど会っていなかったが、僕がMBAを取って博報堂で働き始めた正月に久しぶりに会ったところ、「将来、コーヒー屋をやりたくて金を貯めている」と聞いた。

彼はそのとき、不動産専門のデザイン会社で、図面を元にマンションやビルの完成図を描く仕事をしていた。「お店をやりたい」という森の話を聞いて、数名の友人を誘って、森と一緒に青山でスムージー屋を立ち上げた。バイマのアイディアが浮かぶ一年前のことである。その後、スムージー屋の事業から僕は身を引いたが、森は店長として続けていた。結局、立地がよくなくてうまくいかず、店を畳むことになり、森も次の職を検討していた。我々もデザイナーが欲しいと考えていたので、誘ったところ喜んで来てくれた。

「ヤフーを作ってほしい」――福井の山荘でバーベキュー（須田）

福井の会社から出てきた見積もりの精緻《せいち》さや、しっかり引かれたスケジュールには、システムのプロフェッショナルの安藤も太鼓判を押した。

何よりその当時、一応は会社組織だとはいえ、個人の集まりのようなできたばかりのエニグモの仕事を「面白そうなビジネスなので応援したい」と言って受けてくれたことに感激した。「ぜんぜんお金もないだろうから」と言って、予算がない中でなるべくベストの解決策を探し出してくれるような姿勢や、仕事に対する気持ちの部分で、すごくそのシステム会社の姿勢には感服した。「この会社であればまず間違いないな」と安藤と話した。

ただし、やはりその会社の社長も技術者も言っていたが、バイマのシステムは本当にものすごく複雑だった。企画書を渡して「こんな感じなのでよろしくお願いします」と言って、簡単にできるような代物ではなかった。

その頃のバイマの計画書は、三〇〇ページ以上に膨れ上がっていた。「それを読んで作って」というだけでは絶対に通じないだろうと思った。

バイマというまったく新しいネットサービスを一から構築するには、ものすごく細かい部分まで詰める必要があった。ユーザーが誤解しそうなポイントなど、本当に細かい部分の、ニュアンスのちょっとした違いが、サービスの大きな違いを生んでしまう。細心の注意を払ってしっかりと仕様を伝えないといけない。

だが福井と東京では地理的に離れているし、電話で説明するというのも難しい。やはりお互いに顔を見ながら説明をしないと、重要なことが伝わらない。そこで、向こうのシステム会社の技術者のほうが人数が多いので、こちらが行って説明したほうが効率がいいと考えた。

僕とシステム担当の安藤と、まだ入社して間もない森も連れて行くことにした。一緒にバイマについての説明を聞いて、ゼロからどんなサービスか知ったほうがいいだろうと考えたからだ。行くからには集中して、こちらのメンバーとあちらのメンバーが膝をつき合わせて、じっくり話しましょうということになったのだ。


先方の会社に着いた。社長に挨拶する。打ち合わせは会議室で行うのだろうと思っていたら、

「山に行きましょう」と社長が言った。

「山ですか？」

「ええ、うちの会社の保養所があるんですよ。そこで打ち合わせをしましょう」と言う。

僕らは前のシステム会社で失敗した経験があるので、次は絶対に成功させなければいけない。打ち合わせの途中で、ネットにつないで見たいときもあるだろうから、オフィスのほうがいいんじゃないか、と思った。

しかし社長は、「山はよいところですよ。終わったらバーベキューもできるし」と言う。

システム会社とのやりとりの中で、山小屋で最初に仕様の要件定義をすることなんてまずないと思うが、「それも面白いかもな」ということで素直に向かうことにした。

社長とシステム会社の社員の人たちと向かった会社の保養所は、「山小屋」という言葉から想像される建物そのものだった。一〇畳くらいの部屋が二つあり、すごく広いベランダがあった。

「こんな保養所が会社にあるって、めちゃめちゃいいな」と思った。

バイマの仕様説明が始まった。

畳の部屋にテーブルをどんと置いて、全員が靴下になりあぐらをかいて座った。それぞれ一〇〇ページくらいある分厚い資料を三つずつ、各参加者に渡して僕が説明をした。

バイマのコンセプト、バイヤーと買い手の説明、決済システム、出品の方法、リクエストのやり方……、説明事項は膨大にある。一つ目の仕様書を説明し終えるだけでも二時間以上かかりそうだった。

五時に開始して、六時ぐらいになったところで、社長が入り口からちらりと顔を見せた。「まだ終わってないのか……」という表情をしている。

そのうち、隣のキッチンがある部屋から、トントントン、とリズミカルな包丁の音が聞こえてきた。見ると社長自ら包丁を握り、野菜をばしばし切り始めていた。

その後も社長は、外に出て炭火を起こしたり、バーベキューの鉄板の準備をしながら、途中でちらりちらりとこちらを覗《のぞ》いては「早く終わらないかな」という無言のプレッシャーをかけてくる。

「バーベキュー、早くやりたくてしょうがない感じだね」と安藤が笑った。

一つ目の仕様書の説明が終わったところで夜の七時過ぎになった。一つ終わってきりがいいので、そこで切り上げることにした。

「社長、お待たせしました」

と言って、我々もバーベキューの準備に加わった。

奥深い山の中、星空と月明かりの下で、宴会が始まった。

社長と取締役の方が肉を焼いてくれた。

福井の地酒をふるまわれ、鯖《さば》の卵巣をぬか漬けにした名産「へしこ」をつまみに飲みながら、一人ずつ自己紹介をしていった。

システム会社の技術者は全部で五人。全員、福井の地元出身である。社長と取締役以外は、年齢もみんな二〇代後半で若い人ばかりだった。当時の僕たちも三〇歳とか三一歳で年齢が近く、話も合った。酒も進み宴《うたげ》は盛り上がっていった。

そのうち、みんなで一言ずつバイマについて抱負を述べることになった。

「俺たちだったら絶対に期待に沿えるシステムを作りますよ」

とみんなが言ってくれて、非常に嬉しく思った。

僕の挨拶の番が回ってきた。

「今日は、このような宴を設けていただいてありがとうございます。僕たちが皆さんに作ってもらおうとしている『バイマ』というサービスは、ただのウェブサイトではありません。普通のサイトにはしたくないんです。これは新しい市場を作るビジネスなんです。だから近い将来には、必ず何十万人が使うようなレベルのサービスになります。皆さんには、『ヤフーを作るんだ』というくらいの気持ちで、作っていただければ嬉しいです。みんなで一緒に、バイマを作りましょう」と挨拶した。

二時間か三時間くらい、山の中で騒いで飲んだ。いい気分になって酔っ払い、その日は、山荘に全員で雑魚寝《ざこね》した。

翌日、二日酔いの頭をみんな抱えながらも、残りの仕様書の説明をきっちり終えて、東京に戻った。

「この会社に頼んで、よかった。絶対にバイマは完成する」と帰りの新幹線の中で確信した。

想いでつながる（須田）

二〇〇八年の今現在、その人たちとは、がっちり組んでビジネスを行っている。エニグモのシステムの多くをその会社に発注してきた。

福井の会社に頼んで、本当によかったなと思う。

バイマの理念として、マスの市場や都心で流行しているものではない価値に目をつけるということは、すでに述べた。

地方の山奥でTシャツを細々と作っている洋服屋のセンスがすごくいいかもしれない。そういう「知られざる価値」がバイヤーによって発掘され、売れていくことで、そこにいる人も潤い活性化していけばすごくいい。マスではないところが力を得て活性化していき、新しい市場になっていく。

システム会社も同じだ。インターネットがあれば、東京の会社でなくて地方にあってもリアルタイムでやりとりができる。

地方の会社でもこんなにすごいシステムが作れるんだ、ということを、バイマがさらに大きくなって知らしめていければいいなと思う。

そのシステム会社とは、東京と福井の距離を超えて、綿密にやりとりをしていく中で、信頼関係ができていった。無理なスケジュールも何とかがんばって応えてくれた。

しかしそれでも大変なことはあった。距離があるといちばんハードルになるのが温度感だ。後にバイマが実際に動き出すと、こちら側は日々、ユーザーと対面するようになった。「システムが遅くて出品できないんですが、どうなってるんですか」とか、「こんなに売れていたのにサーバが重たくなったせいで売上が半減した」といったクレームが入るたびに、身が引き裂かれるような気持ちになった。

仕方がないことなのだが、そうしたクレームが入った夜に、福井に電話すると、「今日は送別会で全員帰りました」といったこともあった。

こちら側の逼迫《ひっぱく》感や、ユーザーから感じる温度みたいなのがなかなか伝わらないのは問題ではあったが、長くつきあっていくうちに、その差は埋まっていき、サービスに対して同じ目線を持ってくれていると感じるようになった。

これが今のシステム会社ではなくて、もっとビジネスライクな会社だったら、うまくやれなかったと思う。その会社は最初から想いを大事にしてくれた。

金額もディスカウントしてくれ、エニグモの将来性も見て支払い条件も有利にしてくれた。我々がやりたいと思っていることに対してエモーショナルなところで共感してくれた。そういう会社の姿勢があったので、温度差というのは普通の会社とやるよりずっと少なかった。これぱかりは、やってみないとなかなかわからない。

最初の会社に夜逃げされたときは本気で落ち込んだが、お金は回収できたし、貴重な経験もできた。そしてシンボリックな福井の会社とも出会うことができた。

結果的には半年間の時間が空いたことで、改善点や思い描いたよりよい機能をバイマに全部投入できた。

今では、すべて必然の糸に導かれていたように思う。

「年収以外のすべてが手に入る」（安藤）

会社に辞めると告げたのは、八月に最初のシステム会社がぽしゃって、その一週間後でした。「これはすぐにでも会社を辞めて、本腰を入れて仕切り直ししないといけないな」と思いました。

最初のシステム会社で作れないとわかったとき、いろいろな感情がありました。通常のシステム開発とは違うやり方で進んでいて、「大丈夫かな」という不安がずっとありました。結果的にだめだとわかって、「このメンバーの中でいちばんシステムのわかる僕がもっと主導権を握ればよかった。自分がもっと時間を取れていれば違う結果になった可能性もあるかもしれない」という自責の念が湧きました。「努力せずに大きな事をなすなんて、そんな世の中うまい話はないよな」と感じました。でも、もう同じ轍《てつ》を踏むわけにはいかないと思いました。

それまで会社には内緒で監査役になってはいたけれど、自分がしっかり入って、フルタイムでやらないと駄目だということを、そのときにすごく強く思ったんです。当時、会社で担当していたプロジェクトが佳境だったので、まわりへの迷惑を考えると辞めるタイミングは難しかったですが、システム会社の夜逃げの一週間後には、当時の上司に退職の相談をしていました。

その上司の方は「うちを辞めてベンチャーに行くなんてありえない」と引き止めてくれました。よく覚えていますが、新宿の高層ビルのレストランで、「絶対に考え直したほうがいい。はっきり言ってうまくいくわけがないから、うちに落ち着いたほうがいい」と説得されました。

その場はそれで終わりましたが、後日、僕の決意が変わらないことを知って、「それだけ言うのであれば、想いも強いのだろうから、どんなビジネスか説明してくれ」と上司は言いました。日を改めて、上司にバイマのビジネスモデルをプレゼンしたところ、黙ってその内容を聞いて、「ここが甘いと思うけれど、すごくいいビジネスモデルだと思う。君の気持ちはわかった」と言ってくれました。ただ「辞める時期は考えてくれ」と言われましたが。

その一週間後に、会社の役員に呼ばれました。

「残念だけれど、でもまあ、もう決めちゃったんだろ。会社を経営するということは、生《なま》半可《はんか》な思いではできない。揺るがない夢みたいなものを持たないと、絶対に失敗する」と、その役員は言いました。そして秘書に「あれを持ってきてくれ」と言いました。

秘書が持ってきたのは、マーチン・ルーサー・キングの有名な演説が入った額縁でした。「I have a dream……」で始まる、例のとてもよく知られた言葉です。

「俺が渡せるのはこれくらいだけど、がんばってな」とその役員はおっしゃり、円満に退社させていただきました。

会社を辞めることに後悔はありませんでした。一つには、バイマという事業に非常に魅力を感じていたからです。「これには人生をかける価値がある」と思いました。

それと別に、一緒に事業を進める仲間の存在がありました。須田と田中もそうですし、その後で加わった藤井もですが、自分と同じくらいの年齢で、これだけ熱い志《こころざし》がある人間と一緒に、一から会社を立ち上げる時間をこれから過ごせることが、たまらなく楽しみでした。

先行きがはっきりわからなくても、不安はなかったですね。

その道に飛び込んでも、失うものは、当時もらっていた年に八〇〇～九〇〇万円の年収だけだな、と思ったんです。

熱い夢や希望、自由と責任といった、年収以外の当時欲しかったものは、会社を辞めてエニグモに加わった瞬間に、ほとんどすべて手に入るな、とそのときに思いました。

そう考えると、まったく迷いがありませんでした。辞めるにあたって、周囲にかかる迷惑は当然考えたけれど、進むべき道はすぐに決まりましたね。

電通国際情報サービスで担当していたインターネットのシステムは、やっぱりクライアントあってのものです。自分たちの意志で進めている事業ではありません。でも、起業した瞬間にそういう仕事のフレームが一切外れて、自分たちでどんな事業をどんなふうにやってもいいし、どこにお金をかけてもいい。仕事の幅と責任は格段に増えました。

クライアントの意向という枠組みの中で、最大限自分なりの工夫や努力をしていくのも楽しいですが、それとは違う次元の面白さがあります。

独立すれば、自分たちで判断してやったことに対して責任を負えます。失敗しても、成功しても、その結果はすべて自分たちに返ってきます。本当に熱いハートを持っている人たちと一緒に、そういう責任を持って一個一個の仕事をやっていくスリル感や、ライブな感じや、本当に生きている感じというのは、エニグモに入って初めて感じました。どんな仕事でも、何をやっていても、会社員時代とは見え方が違います。

起業すると、もちろん大変なんです。次から次へいろんなことが起きて、これでもかというくらい困難が起こります。でも何とかなっていく。その困難を打ち破っていくライブ感というのは、サラリーマンとして勤めていた時代にはまったく味わえませんでしたね。

合コン格付けサイト「ムーティーズ」（須田）

福井の会社にシステムの構築を依頼したら、手持ち無沙汰になった。二〇〇四年の秋から三カ月ほど、急に暇な時期が訪れた。

それでその間に、「うーむ、何かサイトでも作ってみるか」と考え、裏プロジェクトで作ったサイトがある。その名も「ムーティーズ」という小さなサイトだ。バイマという本格的なウェブサービスを始める前に、軽い練習としてサイトを運営してみるという狙いもあった。

内容はすごいくだらない。コンセプトは「フラットであるネットの世界に、あえてヒエラルキーを持たせよう」というものだ。と小難しく言ってみたが、簡単にどんな内容かというと、就職ランキングトップ一〇〇社の男性しか会員登録ができない、合コンマッチングサイトというものである。

電通とか日テレとか三菱商事とか、そういう名だたる一〇〇社の男性社員だけがムーティーズには登録できる。認証は、会社のメールアドレスのドメインで確認する仕組みにした。トヨタの社員なら、「toyota.co.jp」のアドレスでメールを送れば登録ができる。単なるマッチングをするだけでは面白くないので、テーマは「合コン格付け機関」とした。格付け会社の「ムーディーズ」にひっかけた命名だ。

学生の就職先としてたいへん人気のある、世間の名の通りがいいトップ一〇〇社の、合コンのレベルはどうなのか、というのを実際に合コンした女性に評価してもらうという仕組みである。

「トヨタって最近、株価はこうだけれど、合コンのレベルはこうだよね」というのがわかると面白いのではないかと考えた。女性は誰でも登録できる。

始めてみたところ、ほとんど何も宣伝していないのに、すぐに広まっていき、根強いファンが生まれ始めた。ちなみに収益モデルはいっさいない。広告モデルもない。強いて言えば「我々もそこで合コンができたらいいな」という思いは密かにあった。だが作ってみたら、エニグモは当然トップ一〇〇社ではないので、入れないというオチがあった。

その後、忙しくなったので、ずっとほったらかしにしていたのだが、アクティブなファンがいて、システムは自動なので何も管理していないのだが、けっこう活用している人が今もいる。よく一〇〇社以外の友だちから「うちの会社も入れてくれ」と頼まれたが、「それはできない。俺も入れないんだ」と答えていた。

あるとき恵比寿のレストランで飲んでいたところ、見覚えのある男が隣のテーブルで合コンぽい飲み会を開いていた。博報堂の同期だった。

トイレで顔を合わせたので話を聞くと、お相手はＪＡＬのキャビンアテンダントだと言う。

「どういうつながり？」と聞いた。

「すごいサイトがあってさあ。ムーティーズっていうんだよ」

「え？　それ俺が作ったんだよ！」

「ええ！」

というやりとりがあった。彼は僕が作ったとはいっさい知らずに使っていた。

「俺すごい使ってるんだよ。かなり高確率だぜ！」と感謝された。

現在、うちの会社は上場を目指しているので、そういうサイトを持っているのはあまりよくない。というわけで手放さざるをえなかった。

作った額面よりは高い額で、ある会社に譲渡して、今はそこが運営している。まだあるかもしれないので、興味があったら探してみてください。

罰ゲームブログ（須田）

同時期に、それでもまだ手持ち無沙汰なので、罰ゲームのブログをみんなで書いたりもした。ダーツやコインで罰ゲームを決めて、その模様をブログに書くというものだ。

一回目に僕が負けた。テーマは「一週間一日三食ざる蕎麦しか食べちゃだめ」というものだった。しかも、同じ蕎麦屋もだめだし、海苔《のり》が乗った盛り蕎麦もだめ。盛り蕎麦しかない店だと海苔をどけて食べるという過酷なものだ。

毎日写真を撮ってブログにアップするのだが、ひたすら一週間、蕎麦を食い続けた。居酒屋に行っても、蕎麦がメニューにない店だと、酒を飲むしかない。飲み会の帰りに一人ですきっ腹を抱えて、立ち食い蕎麦を食ったりしていた。

二一食ざる蕎麦を食べ続け、罰ゲームの期間が終わって何を食べてもいいことになったときに、最初に食べたのが、鴨南蛮《かもなんばん》蕎麦だった。普通、蕎麦はもういいだろうと思うかもしれないが、ざる蕎麦を食べながら、隣の客の鴨南蛮蕎麦を、悔しい思いで見ていたために、「いつかは俺も鴨南を」が心のスローガンになっていたのだ。

そんな馬鹿なことをやりながらも、我々より先にどこかの会社が、バイマと似たサービスを始めるんじゃないかという不安が常にあった。

毎朝、新聞が届けられるたびにざっと目を通して、新しいＥコマースのビジネス動向に目を配っていた。バイマが立ち上がるまでは気が気ではなかった。

だが、我々が一番乗りできれば絶対に行けるという思いはあった。

日曜の夜には、早く会社に行きたくなる（田中）

起業してみて、こんなに楽しいとは思わなかった。

本当に毎日が楽しい。日曜の夜になると「早く会社行きてえな」と思うほど、それぐらい楽しい。それは基本的に人に仕事をやらされていないからだ。要はどれだけ主体的に仕事をしているかの違いだと思う。

もう一つは、世の中を見る目が変わった。広告マンのときも、本や雑誌をたくさん読んだり、いろいろな業界の人に話を聞いたりと、普通の人よりはアンテナを張っていたと思う。だが自分でビジネスを始めてみると、意識がまったく変わっていった。広告マンの頃が、世の中や市場のトレンドや動きを把握するところに重きがあったとすれば、今はさらにそこに「創る」「変える」という発想や意識が加わったと言える。

非常に簡単なたとえで言うと、日常の生活の中で、コーヒーを飲むのにポットからお湯を出す。そのときに「もっとこういう工夫をすれば、売れるポットができるのにな」と思ったら、それがビジネスになるかもしれない。

でも自分が博報堂で働いていたら、そこで「ポットを作ろう」という発想にはまずならない。結局は、ある種の枠の中で仕事をしている、発想しているということになってしまう。仮にそのポットを作るべきだと思ったとしても、今度は上司や会社を説得するために膨大な時間と労力がかかるし、恐らく実現せずに終わる。たとえ、そこにとてつもない市場と価値があったとしても。

そういう意味では、今は右にも左にも自由に行ける。行けるから、発想も世の中の見方も違ってくる。

新しい人と会ったときの展開が違うことも面白い。やはり博報堂の人間として、人と会っても、広告マンとしての枠からはなかなか出ない。その人が、面白い情報やコネクションを持っていて、その出会いが新しい事業や取り組みに発展するような可能性を秘めていたとしても、広告の枠を出ずに話が終わってしまう。でも起業してから会うと「こんなことできない？　やらない？」と話が広がる。つまり、世の中が広がった。

システムの最終チェック（須田）

福井を初めて訪れてから三カ月が過ぎた。

「システムの基本がほぼできました」と、連絡が入った。

連絡を受け、最終的な仕様を固めるために、十二月に再度、安藤と訪問した。そのときに見せてもらったシステムは、こちらの期待していた以上の完成度のものを用意してくれていた。

すでにデータセンターができていたのだ。

社長は「バイマ用にサーバールームを押さえました」と言ってくれた。

「ちゃんと耐震の設計にしてあります。下から鉄柱を伸ばして部屋全体を支えているので、たとえ大地震が起きてもここだけは崩れない構造になっています。セキュリティも何重ものロックがかかっています。この部屋はエニグモさんのためにとりました」と言ってくれた。

部屋にはシステムの心臓部であり、バイマのユーザーのすべてのデータを保管するサーバーコンピュータを載せることになる、大きなラックが一つ置いてあった。一つのラックにはサーバーが三〇台くらい入るようになっている。データ量が増えていくごとに、どんどん入れていくのだ。当時、そこに二台のサーバーコンピュータが入っていて、冷却ファンが低い音を立てていた。

「今この中で、テスト状態ですが、バイマが動いています」と社長から聞いた。

二年以上、頭の中の構想に過ぎなかったバイマが、いよいよその姿を現実のものにしつつあった。

「いつかこのサーバールームを、エニグモのシステムでいっぱいにしたいですね」と社長と話した。

二〇〇七年末現在、サーバールームのラックは増設されてすべてフル稼働状態にあるそうだ。最初のときに見たすかすかの状態からすると驚きである。

福井には一週間ほど滞在した。

ウェブサービスというのは、細かいディテールの部分まで気を抜くことができない。

エラーの文言一つをとっても、簡単にはいかないのである。

たとえば、郵便番号を書く欄があるとする。数字は半角しか受け付けない設定なのに、ユーザーが全角で書いてきた。そのときに返すメッセージも、気が抜けない。

ユーザーの視点に立ってみて、いかにわかりやすいメッセージにするか考えなければならない。「正しく入力してください」ではなく、「全角で郵便番号を記入しています。半角で入力してください」というメッセージにしなければならないのだ。単純に見えるサイトでも、そこには見えない裏側のロジックやエラーのチェックが多々ある。

今回の福井滞在では、そうした細かい部分の詰めを徹底的に行っていった。

バイマのデザインも紆《う》余《よ》曲《きょく》折《せつ》があった。デザイナーの森が作ったものが、最初に画像で見たときはいいなと思ったが、実際にサービスができあがってサイトで見てみると、印象が違った。

青山の事務所に残っていた田中が、博報堂時代の同僚の女性に連絡をとり、テスト状態のバイマのサイトのアドレスとパスワードを教えて見てもらった。

すると田中からすぐに、「やばい、いけてないらしい」という声が上がってきた。ずっとウェブ回りの仕事をしてきた人の目で見ると、ウェブデザイン上のルールに則《のっと》っていないデザインになっていたのだ。「画面のこの部分にこれがあるのはおかしい」などと何点も具体的に指摘された。我々も森もいわゆるウェブデザインの素人だったし、コマースサイトをやるのも、もちろん初めてだったので、「え、だめなの！」と驚いた。

時間的には非常に厳しかったが、デザイン全体をやり直すことにした。僕と安藤は、福井に一週間滞在してシステムのチェックを続け、デザインを青山チームがどんどんブラッシュアップしていった。

最終的なデザインが届き、それを見たところ、最初のものよりずっと洗練されている。

バイマのプログラム自体はほとんどできあがっていた。今からデザインを直すのは若干手戻りがあって大変だったが、強くお願いして、外から見える部分は全部作り直してくれと頼んだ。福井班と青山班に分かれて、追い込みのテストを行っていった。青山班がユーザーとして登録する。バイヤー組と購入者組に分かれて、いろいろなケースを想定して実験していく。そこで出たさまざまな不具合を、一つずつエクセルのシートに落としていった。

「このとき変な挙動が出た」とか、「このボタンを押したのに機能が使えなかった」とか、そうした不具合を全部、福井に送ってもらう。翌日の朝、僕と安藤と福井の技術者の三人で、内容を精査して原因を分析し改善していく。そうしたやりとりを続け、エラーのチェックを繰り返していった。

何時間も延々と打ち合わせを繰り返し、システムの細部を詰めていくのも初めての体験で、「システムを立ち上げるというのはこんなに大変なのか」と感じた。

最終日にはほぼ完成形に仕上がった。

我々がいなくても作業ができる状況になったところで、東京に戻った。

出品集め・会員集め（田中）

二週間後、最終的な調整が加味されたものがあがってきた。青山でそれをチェックして、プレオープンに備えた。

ウェブサイトのオープンは、通常、二段階ある。オープンしただけでは誰も知らないので、最初に賑《にぎ》やかすために、ある程度の会員数を事前に集めておく必要があるのだ。

我々も声をかけられるバイヤーにはどんどん声をかけていた。ある程度集まったところで、プレスリリースをうった。会員募集もしばらく前から始めていた。メディアに出すときには、そこそこ会員が集まっていたほうが見栄えがいいのである。

オープンしたのに何も出品されていないのでは話にならない。そこで社員総出で、出品できる商品を探し回った。

一人何十品目とノルマを課して出品しなければならなかったのが、非常に大変だった。休日も土日も関係なく、どこかに行ったら「バイマに出品できるものがないか」といつも探していた。「そんなのどこで見つけたの？」「これ、売れないよ！」「浅草限定のリカちゃんを見つけた」「お、これは絶対売れるよ！」とか言い合いながら、あちこちの店で撮影してきた商品写真を見せ合った。ノルマを設定していたので、「安藤あと何商品？」などとお互いに確認したりもした。

そうした「出品物探し」を現実にやっていく過程で、お店の人にバイマの説明をすることが何度もあった。すると「写真を撮ってもいいですよ」と言ってくれる店もあれば、「撮影は駄目です」という店もあった。そうしたリアルなショップの生の声が聞けるよい機会だった。バイマを実際に使うユーザーが直面するシーンを体験することによって、サービスの仕組みやルールを調整していくことができた。

自分たちで出品をしながらも、海外の人たちの会員も獲得していかねばならなかったが、それも非常に大変だった。エニグモが海外会員のネットワークを構築した手法がすごいとよく言われる。企業秘密の部分も多少はあるが、大きく分けると広告と人力の二つである。海外の大きな都市には日本人向けのフリーペーパーがあるのを知っていた。予算も限られているため、地域を絞った上でそれぞれに連絡を取って広告出稿の交渉をした。日本人向けのフリーペーパーとは言え、海外のフリーペーパーに日本から広告を出すことは珍しがられた。広告は綿密な計算に基づいて予算配分したりクリエイティブ素材を制作したりしたが、やはりそれだけでは不安なため、できることはなんでもやろうということで人力プロモーションが始まった。

人力プロモーションとは、要は、海外在住の方のホームページをネットで検索し、直接連絡してバイマを紹介するという施策である。主に須田と藤井が担当していた。

ホームページを見るとその人の性格や興味分野がなんとなくわかる。一斉に同じ文面のメールを送りつけても相手にされないだろうから、送るメールは個別に書いていた。

「あなたのホームページを見て、とても面白く読ませていただきました。弊社ではこのようなショッピングサイトのスタートを予定しております。ぜひともご参加いただけませんか?」といったメールをひたすら何百人にも送っていった。

須田がハワイに行ったときには、日本人がよく行く弁当屋のわきにチラシを置かせてもらった。「『面白いですね、どうぞ置いていってください』と好意的に言ってくれたよ。たぶん弁当を買ってからお願いしたからだと思うけど」と笑っていた。

須田は自分だけでなく、誰か友だちが海外旅行に行くと聞いたら、「お、じゃあこのチラシ、どこか日本人が来そうなところに置いてよ」と頼んでまわった。


一見デジタルなビジネスをやっているように思われがちだが、じつはそうしたアナログな努力をものすごくしていた。

メールも送りっぱなしでは当然ない。興味を持ってくれた方は返事を書いてくれる。それにはまた返答を返す。二人や三人ならともかく、全部違う人が数百人であるわけだから、書いているうちに自分でも何がなんだかわからなくなってきたと、藤井が頭を抱えていたこともあった。

ただ、そういうアナログな人間くさい努力が、バイマというサービスを始める上で、死活的に重要なことであると僕たちはわかっていた。

ブログなんてものはまだ、ほとんどの人がやっていない時代で、ＨＴＭＬでサイトを作っていた時代である。わずか三年前だが、カードを使ってネットで買い物をするという人はまだ少数派だった頃だ。

海外にいる人から物を買うというのは、かなりハードルが高い行為である。できたばかりの当時のバイマは、聞いたこともないサイトで、デザインも洗練されてなくて、運営しているのがちゃんとした会社かどうかもよくわからない。客観的に考えるとそこでオンラインショッピングをする人が果たしているのだろうか、という状況だった。

だからこそ人と人とのつながりというのがすごく大事だと考え、バイヤーや購入者とのやり取りは、手を抜かずに徹底的に丁寧にやった。会員の方から「いいサービスですね」と応援したりしてくれるのが非常に嬉しかった。

バイマ、オープン（須田）

バイマの本オープンを二〇〇五年二月二十一日と定めた。

その一カ月前にプレオープンさせて、登録したバイヤーにだけアドレスを教えて呼びかけて、売り出したい商品を出品してもらった。

オープン日の前日には、一〇〇〇品目くらいの商品が集まった。


長かった。

最初の構想から、丸二年と三ヵ月かけて、ようやくバイマがオープンする日を迎える。

二月二十一日の夜が明けた。昨夜は眠れなかった。

午前九時のバイマオープンのために、エニグモのメンバー全員が事務所に午前八時に集まった。

携帯電話のテレビ電話で、福井のシステム会社とつなぐ。

お互いに「いよいよですね」とちょっと緊張する。

ちょっとだけ調整があり、九時のオープン時間を少し過ぎた。

「準備が整いました」と福井から一報が入った。

「じゃあ、オープンしましょう」

「三、二、一、オープンです。おめでとうございます！」

「ありがとう！」

携帯の小さな画面を通じて、お互い満面の笑みでバイマ開通を喜び合った。

用意しておいたシャンパンの栓を開けて、エニグモの「世界初第一弾」バイマの誕生を祝って乾杯した。

青山の小さなマンションの一室で、「世界を変えるボタン」が、押された瞬間だった。

第4章

失意からの挑戦

二年越しの記念すべき初取引（田中）

二〇〇五年二月二十一日。ついにバイマが立ち上がった。

立ち上がったが、アクセスがない。ほとんど誰もバイマの存在自体を知らないのだから、当然といえば当然だ。

ユーザー間取引のショッピングサイトは、会員数が命運を決める。バイマも、会員がたくさん集まらなければ、取引が発生しないビジネスモデルである。取引がなければ、我々の元に手数料収入も入ってこない。

というわけで、サイトがオープンしたとはいえ、ほとんどビジネスが始まった実感がなかった。会員数をとにかく、一人でも多く増やすことが最優先事項になった。

グランドオープン前の一カ月間、友人はもちろん、家族や親戚、前の会社の仲のよい同僚などに、片っ端から「こういうネットサービスを始めるから、ぜひ会員登録して使ってみてくれ」とメールを送った。

同時に、海外の会員登録を増やすため、在留邦人が運営しているコミュニティサイトなどを検索し、「会員の方々にバイマを紹介していただけないでしょうか」とサイト運営者にメールを送ったりもしてみた。ほとんどの場合は無視されたが、「画期的なサービスだと思います。

ぜひご協力させてください」と返事が返ってくることもあった。

それでも最初は、まったく取引が生まれなかった。

「お、一件、取引があったぞ」

と、喜んで、会員ＩＤを見てみると役員の親だったり、友人だったということが何度もあった。

身内ではない、本当の見知らぬ人同士の取引があったのは、バイマがオープンしてから一〇日ほど経ってからだ。アメリカに住む男性が出した商品を、日本の会員が購入している履歴が残っているのに気づいた。

「この取引、誰か、心当たりある？」と社の全員に聞いたが、誰の知り合いでもなかった。

「初めて知らない人同士の取引が成立した！」と全員で喜び合った。

その一件の取引で、エニグモに入ってくる手数料は数百円という金額であったが、二年以上の歳月と数千万円の投資、何よりバイマを世に出したいという想いが、やっと形になった、記念すべき初の取引だった。

「海外と日本の間で、買い物を頼める仕組みを作る」という基本コンセプトが間違っていなかったと証明された気がした。

ニュースリリース（田中）

しかし、その後も長い間、取引はほんの少しずつしか増えていかなかった。

もちろん我々も、手をこまぬいていたわけではない。まず最初に、バイマのオープンと同時に、マスコミ各社にニュースリリースを出した。

●

ケータイ一つで在庫を持たずにカリスマバイヤーを目指せる～

～世界二十一ヶ国のバイヤーに日本語で商品注文可能なリクエスト機能も！～

インターネットを利用した新しいマーケティング戦略を推進する株式会社エニグモ（本社：東京都港区、代表取締役共同社長：須田将啓、以下ENIGMO）は、二月二十一日（月）より、携帯電話（以下ケータイ）およびパソコンからインターネット経由で、世界中のバイヤーに買い物代行を依頼し、さらに自分でもバイヤーとして商品販売ができるグローバル・ショッピング・マーケット「バイマ（英名：BuyMa）」（ビジネスモデル特許出願中）を開始します。

「バイマ」は、Buying Market＝買付け市場を表現した造語で、まったく新しい感覚の個人向けEコマースサイトです。ユーザは、バイヤーと購入者に分かれます。バイヤーは在庫を持たずに自分のセンスや目利き能力でバイイング（買付け）と販売ができ、一方、購入者はバイマの構築した世界中の個人バイヤー・ネットワークに対して、世界中の商品の買い物代行の依頼が可能です。

同サイトは特許出願中で、インターネットとカメラ付ケータイなどデジタル機器を最大限に活用した個人向けに、まったく新しい商品取引の方法を提供するものです。

このプレスリリースを見て、いくつものメディアが好意的にバイマを取り上げてくれた。ネットのニュースサイトを筆頭に、数々の雑誌や新聞に掲載され、それを見たほかのメディアからまた反響があった。同時に、「詳しく話を聞かせてほしい」というベンチャーキャピタルや商社などからの問い合わせも何件かあった。

バイマオープンのちょっと前に、柿谷という女性が六人目のメンバーとして入社した。柿谷は、エニグモに入社するまで、外資系の高級ブランドの販売員として働いていた。バイマを開始するにあたり、カスタマーサポートをする人が欲しいと探していたときに出会った。人当たりのよさやコミュニケーション能力の高さが向いていると思い、スカウトした。彼女の接客業で培ったきめ細やかなユーザーへの対応力、文章力などが、カスタマーサポートとして貴重な戦力となった。

惨憺たる広告結果（田中）

博報堂時代の業務領域は基本的にマス広告であったが、エニグモにマス広告をやる予算は当然ない。サービスの認知促進はＰＲ活動で行い、会員増の施策はネット広告で展開することにした。ネット広告の知識も経験もないが、やりながら学んでいくしかなかった。

ＰＲ活動はＰＲ会社に依頼することに決め、ネットビジネスを得意とする会社と何度も打ち合わせを重ねた。いろいろと面白い施策案が出て打ち合わせは盛り上がるものの、結局予算がないために、できることはかなり限られてしまった。だが、それでもパブリシティ活動は結構うまくいき、立ち上げ後数カ月でかなりの媒体に取り上げてもらうことができた。

問題はネット広告のほうだった。

まず最初に、数百万円を使ってインターネット広告をネット専業の広告代理店に頼んでやってみたのだが、結果は惨憺《さんたん》たるものだった。数百万円をかけたのに数えるほどしか会員が増えなかった。

ポータルサイトにバナー広告を出稿したり、効果がありそうなメールマガジンに広告を入れたりしてみたが、サイトのアクセスを分析した結果、広告からバイマのサイトに来たのは一〇〇〇人もいなかった。さらに登録したのはそのうちの数人しかいないという結果に終わったのである。

他のタイプの広告はないのか、面白い企画を展開できないのか、と代理店の担当者に相談しても、結局出てくるのはバナー広告とメールマガジンの案内だけだった。ネット広告といえばそのぐらいしかなかった時代だったのかもしれない。

数カ月続けたが「ネット広告ってこんなにひどいのか？」と思うくらい効果がなかった。なぜそんなに効果がないのか、首をひねった。バナー広告のデザインが拙《つたな》かったのか、出した媒体がよくなかったのか。そもそもバイマのサービス自体にニーズがなかったのか、答えは出なかった。

とにかく確かにいえるのは「広告の結果がひどい」ということだけ。どこに責任があるのかはわからないが、一緒にプロモーションを担当していた安藤と愕然《がくぜん》とした。

いろいろ理由は考えられるものの、とりあえず現段階のバイマがネット広告をやっても効果は薄いという結論になった。「聞いたこともないサイトに来て、今までにない仕組みで、画像だけで商品買うのはハードル高いよな。しかもカード決済で」と話し合った。

会員登録もそうだが、さらに取引数を上げるためには、サイトとしてのブランド力と信頼度を高める必要があると考えた。そこで、ブランディングや権威づけの効果を期待できる雑誌などにタイアップ広告を出していく戦略に切り替えた。

また、広告出稿だけでなく、一緒に組んで売上を分ける企画を雑誌社に提案していくことにした。雑誌ごとにジャンルやコンセプトやテーマがある。簡単に言えば、それに合わせた形でバイマにその雑誌のコーナーを展開しませんか、という話である。雑誌の誌面でコーナーを紹介したりキャンペーンを展開したりして、そこから読者がバイマを訪れて商品を購入するという流れである。雑誌社にプレゼンして回ったところ、興味を持ってはくれるものの、ネットビジネスに手を伸ばす考えはまだないというのが、共通した返事だった。

そんな中、一誌だけ非常に共感してくれたところがあった。スターツ出版が都内で配布している『メトロミニッツ』というフリーペーパーである。安藤の前職の同期が転職して編集部にいるということで、連絡を取らせてもらったところ、初回の打ち合わせから大盛り上がりだった。我々が目指しているサービスや世界観をすぐ理解してくれて、「そういうことがしたかったんです」と先方のプロデューサーものりのりだった。

何回か打ち合わせをし、バイマと連動した特集記事を組んでくれることになった。バイマのバイヤーから特集用の商品を募集し、編集部が選んだ商品が実際に誌面で紹介され、それを欲しいと思った読者が実際にバイマで購入できるという企画である。

巻頭八ページにわたったこの特集はかなり反響が大きく、一気にバイマの認知が上がる結果となった。ちなみに、八ページを広告として買うと一〇〇〇万円近くかかるという話だった。『メトロミニッツ』のプロデューサーや編集部の方々との打ち合わせはいつも盛り上がり、「一緒にすごいことができるかも」と、ある種の夢を見ながら仕事をしていた。その後、スターツ出版と業務提携の話も出たりしたが、資本関係を持つか持たないかなどの複雑な話になってしまい、残念ながらその構想は途中で断念することになった。だが、編集やコンテンツにおいて何が重要かをいろいろ学べただけでなく、一緒に何かを実現したいと思える人と出会えることがいかに貴重なことかを実感する経験となった。

しかし、その後も、バイマの会員が一気に増え、物が売れていくというほど世の中は甘くなかった。ネットのニュースでリンクが張ってあればともかく、雑誌や新聞で読んだからといってわざわざサイトURLを覚えたり、検索してサイトを見てくれて、さらに会員になってくれる人は少ないように思えた。

バイマのロゴが入ったウチワを作って神宮球場の近くで配ったり、Tシャツを作ってマスコミ関係者に配ったりといった草の根的なPR活動もしていた。

毎日、「今日何件売れたか」というのがすごく気になった。

夕方に外出しなければならなくて、サイトの管理ページが見られないときは、出先から会社に電話して何件売れたか確認した。どれだけ売れたかがいつも心配で、会社に来てはチェックする日々だった。

だが……。期待とは裏腹に、一日に数件しか売買が成立しない日が続いた。

市場を読み間違えたか？（須田）

当時のエニグモ社内の役割分担は、大学で金融を勉強していたという理由から、藤井が金銭面の管理を担当していた。

僕は財務の勉強をしたことがなく、田中も細かいことが好きではなかったので、「このメンバーの中では藤井がいちばんお金に明るそうだから」という理由で、給与や交通費などの細かい経理から、資金調達などの大きな資本政策まで、財務全般を担当してもらった。

安藤はシステムの運営と保守、僕は総務や法律系、広報などとともに、会社としての代表権を持っていたので、金融機関との交渉の際には藤井と同席した。田中は、安藤と連携してバイマのマーケティング全般を担当していた。

取材対応など、エニグモとして外に出るときには僕と田中が一緒に応じた。

当初、田中たちが練っていたマーケティング計画では、バイマのオープン後、右肩上がりで会員が増えていくはずだった。

しかし実際には、会員数も思っていたように伸びず、当然、会員数に比例する取引も伸びない。

一カ月が経ち、二カ月が経ち、三カ月が経って、計画と実際の差がどんどん開いていった。

目標値の八〇パーセントとか、七〇パーセントとか、そういうレベルの話ではない。

「あれ？　失敗したか？」と感じるレベルだった。

「バイマがオープンしたらやばいぞ、すごいことになるぞ」と思って突っ走っていたのに、ブレーキがかかったような感じだった。

メンバーが共有していた事業計画とはほど遠かった。売上と会員数のシミュレーションの事前予想とは、蓋をあけてみたらだいぶ違った。

そうはいっても、まだ希望はあった。

「新しいキャンペーンをやってみよう」とか、「サイト自体が、どうすればより使いやすくなるだろうか」とか、常にメンバー全員で考えて「これで増えるはずだ」と思いながら、がむしゃらに実施していった。

ところが何をやっても、会員がなかなか増えない日が続いた。

四カ月、五カ月が経過し、「あれ？　おかしいな」という想いが増幅していった。

「これはもしかすると市場を読み間違えたか？」という想いが湧いてきた。

事業のサービス内容が間違っているとは思わない。

いろいろやってみるけれど突破口が見えない。

非常に苦しい時期がここから続いた。

バイマストアの立ち上げと挫折……（田中）

バイマが二月にオープンして、早くも二カ月後には「予想と違う。何か手を打たないとまずい」と感じ始めた。

そこでバイマでCtoC（ユーザー間取引）以外に、BtoC（企業・ユーザー間取引）の事業も試してみることにした。ただし、売り出すのは「海外の商品であること」や「センスがよいこと」など、バイマのコンセプトと合致していなければならない。そこで我々が海外に行って、日本ではまだ売られていない海外で人気の商品を実際に仕入れてバイマで売ろうという計画を立てた。バイマのサイトの中に特別コーナーを作って「バイマストア」と名づけ、物販で収益をあげようと画策したのだ。

安藤と一緒にアメリカのロサンゼルスに、一週間ずつ、二度に分けて出張に行った。日本を発つ前に、現地でファッション系のPR会社を経営していた知人に頼んで、女性もののファッション、コスメ、雑貨などを扱う現地のメーカーや問屋にアポイントを入れてもらっていた。

現地で商品を見て、売れそうな商品を発注する手はずを整えた。

しかしこの目論見《もくろみ》も、思ったようにいかなかった。

早速、商品の買付けに行ってみたが、実際に商品を目の前にすると、どれを日本に持って帰れば売れるのか、皆目見当がつかなかったのである。業界の商慣行も知らないため、注文の仕方や支払いの段取りもわからず、手探り状態だった。

そもそも扱う商品が女性ものばかりである。何となく「これはいい」とか「これは可愛いな」と感じても、それを実際に日本に持ってきてどれだけ売れるのか、今の女性ファッションのトレンドにどれだけ合致しているのか、自分も安藤もさっぱりわからなかった。

「これは売れる」という手ごたえがない中で商品を選ばなければならず、買付けのための予算自体も少ないので、選ぶ商品も絞らなければならなかった。

五〇種類の商品を仕入れられるのであれば、物販コーナーとしてそれなりの見栄えがするサイトができたと思うが、予算の都合で五種類しか商品を仕入れられないという状況だった。

自分たちがまったくわからない分野で、五種類の中にヒット間違いなしの商品を仕込むのを、継続的にできる自信は持てなかった。


二回目の出張から戻ってきて、他の役員たちに考えを伝えた。

「お願いしたPR会社がとても協力的で、いろいろなファッション系の人を紹介してくれるので、継続的に出張を続ければそれなりにファッション業界のネットワークは構築できそうだ。だが、それを活かして商品を揃えるだけの予算もないし、かかる時間と労力がどれだけ売上に直結するかはまったく未知数だ」

「今のエニグモには無理があるかもしれない。出張をするたびに我々が一週間以上いなくなるのも、既存のバイマを運営していく上で厳しい。もったいないし、悔しいが、ここはいったん諦めよう」

安藤と話し合ってそう決断した。

結局、出張代と商品の購入代、そのサイトの制作代、トータルで一〇〇〇万円以上が無駄なコストとして消えた。実際に三〇〇万円ほどかけて外注し、デザインを進めていた「バイマストア」は、結局、一回も公開することなく中止することになった。コストとしては非常にもったいなかったが、そのおかげで、バイマは販売ではなく、場を提供することにまず専念するべきだと明確に割り切ることができた。

中止を決めた二週間後。

買付けで発注した商品が、青山の事務所に大量のダンボールに梱包されて届いた。

「あれ、結構いいじゃん。売れそうじゃん。というか俺が欲しい」「ヤフオクで売るか？」といった感想が役員から出たが、結局、そのときに仕入れた商品は、バイマのプレゼントキャンペーンに使ったり、取引先の方々にあげたりした。

アパレルの営業経験から、在庫を抱えることがビジネスをする上でいかにリスクであり負担になるかは把握していた。バイマこそ「仕入れリスクを取らず（在庫を持たず）に商売を始められる」サービスとしてスタートしたはずだが、この頃は、我々自身がそのコンセプトを見失いそうになっていた。

二〇〇八年の今現在、このときと同じく「バイマストア」のビジネスをやろうと思ったら、当時とはまったく違う展開ができるだろう。仕入れられる商品数も違うだろうし、女性のファッショントレンドを追っている女性スタッフもバイマチームに何人もいる。人気のあるファッション誌などとコラボレーションして、サイト以外にも広がりを持った企画にすることもできるだろう。

だが、そのときは、そうした手立てのすべてがなかった。当時の我々は、あらゆるリソースを持っていなかったのだ。

エニグモは、順風満帆《まんぱん》に成長してきたと思われることが多い。

だが実際はぜんぜん違い、試行錯誤の日々だった。

重い社内の空気（田中）

バイマの会員数は相変わらず伸び悩んでいた。

この時期は、この先バイマはどうなっていくんだろうという不安が社内に満ちていた。全員が、深刻に悩んでいて、みんなの顔から笑顔が消えかかっていた。飲みに行くことも減り、雰囲気も決してよいとは言えなかった。お互い仲が悪いというわけではなかったが、みんなどうすればバイマがうまくいくか常に悩んでいて、全体的に空気が重かった。

会社にはみなバラバラな時間に出社していた。博報堂時代は夜遅くまで働き、次の日に遅く出社するのが普通だった。

そのワークスタイルをひきずって、エニグモも最初は朝が遅かった。社員が増え始めてからは、ちゃんと朝九時半に時間通りに来るようになったが、その頃は、デザイナーの森とカスタマーサポートの柿谷以外は各自バラバラに出社し、黙々と仕事をやっていた。

昼飯も全員、自分の席で黙々と食べるか、ふらっと外に一人で出て行って食べていた。それぞれやるべきことがたくさんあって、忙しく立ち働いてはいたが、先行きの不安が会社の雰囲気を重くしていた。

口には出さなかったが、「これから先、どうなるんだよ」とみな感じていた。

僕もまた、「自分がやりたかったのはこんな会社じゃない。なんだよこれ」と感じていた。

会社の空気を変えなければ、と思った。

ある日、「みんなで昼飯食おうぜ」と呼びかけることにした。当時のオフィスは1LDKのマンションだった。リビングに机を並べてそこで仕事をして、部屋を会議室として使っていた。

「ずっとリビングで顔を突き合わせているけど、最近、会話が少ないよね。昼飯くらいみんなで無駄話をしながら一緒に食べようぜ。そういう時間があったほうがいいよ」と。

当時の会議室は、来客のときか打ち合わせをするとき以外は空いていた。そこで、昼時に会社にいるメンバーは、みんな一緒に弁当を買ってきて食べるようにした。

みんなで昼飯をとっていると、そこではいろいろな話題が出る。仕事に真剣に向き合う一日の中で、なごみの時間になった。

「そろそろ飯にする？」と誰かが言い出すと、一緒にコンビニに行って弁当を買ってきた。

「青山一丁目って飲食店少なすぎるよな」

「俺、ここの弁当、週に五回食べてるよ」などと言いながら、本当に同じ弁当を毎日食べていた。

普段、仕事をしているリビングのスペースから会議室に入ると、南向きの窓からさんさんと日光が降り注いでいた。そこでみんなで食事をするのがすごく気持ちよかった。

日の光を浴びながらご飯を食べるだけで、何となくポジティブになれた。ランチのときは基本的には仕事以外のたわいもないことを話していたので、いい気分転換になった。

このときの経験から、そのあとに移った三代目、四代目オフィスも、日当たりを最重要視して選んだ。ポジティブなマインドは、日の光から生まれると思うからだ。

後日、青山のマンションの事務所から、三代目オフィスに移るときに、柿谷が「この六人で、こういうふうに昼ごはんを食べることは、もうなくなるんですね」とちょっと寂しそうだった。

それを聞いたときの僕は、「やっと会社に勢いが出てきて、人も増やせて、オフィスも引っ越せる。なんで悲しがるんだろう」と思っていた。

だが、みんなで食べる時間がなくなり、エニグモが会社らしくなるにつれて、「あれって貴重な時間だったんだな」と思うようになった。

理想は商売がうまくいってこそ（田中）

当時、ベンチャーキャピタルとの交渉も進んでおり、出資したいという会社はたくさんあった。増資の話もまとまり始め、最終段階に入っていたので、しばらく会社を運営する上で資金面での不安はなかった。

だが、資金があろうがなかろうが、自前のビジネスがうまくいくのかいかないのか、自分たちがやっていることが最終的に日の目を見るのかどうか、その不安がすごく大きかった。月々の固定費をあげるだけの何か、それを稼げるだけの何かを始めたいという気持ちが強くなっていった。

最近はよく、会社が順調に行っているように外部の方に思われたり、みんな楽しそうに仕事してますね、などと言われる。だが、じつはそうではない時期があったのは、役員と社員二人の創業時の六人しか知らないことだ。

その頃、どれだけ悩んでいたか、象徴的な話がある。

ある日、たまには飲もうと、僕と須田と森の三人で、会社の近くの沖縄料理屋で飲んでいた。泡盛《あわもり》を飲みながら、「今の雰囲気を打開するにはどうすればいいか」と話をしていた。

会社の机がそのとき、全部一つのかたまりにまとまっていて、「お互いに向き合って島になってるのがいけないんじゃないか」「きっとそうだ、あれがまずいにちがいない」という話になった。

それで、「善は急げだ、今やろう」と真夜中に会社に戻って、机を全部窓側に向けて配置換えした。深夜に夢中になって一時間以上かかったが、終わったらすごく雰囲気がよくなった気がした。「こっちのがいいじゃん、これだ！」と三人で盛り上がった。

だが翌日、我々が勝手に席替えをしたことに、「何でなんの話し合いもなく勝手にそんなことをやるんだ」という意見が他のメンバーから出て、ちょっともめた。

向かい合って座ることにもお互いメリットはある。仕事をしながら打ち合わせができる。けれど、それが逆に作用して、悩みが内側にこもって増殖していくような雰囲気になることもある。このときは席替えして確かに雰囲気はよくなった。

お互いの視線の向きを外に向けることで、視界がちょっと開けて、気がいい方向に流れていったんじゃないかと思う。空間が開けたので気持ちもよかった。

ランチを一緒に食べたり、席を替えたりすることで、少しでも雰囲気を変えていきたくなるくらい、そのときは切羽詰まっていたのだ。

結局この時期のことを思い返すと、ビジネスがうまくいっていないから、そういうふうになっていったのだと、今になってしみじみ思う。

この時期があったおかげで、「楽しい仕事をしたい」「楽しい会社を作りたい」と理想を言っても「結局ビジネスとしてうまくいかないと、楽しさってありえないな」ということを、すごく実感した。

ビジネスとしてうまくいかせることがいかに重要か。

理念や理想も大事だが、商売がうまくいかなければそんなこと言ってる余裕がない。

あの時期は、世の中の経営者全員を尊敬した。どんなに小さな会社でも、社員を食わせていけているってすごいな、と思った。本当にリスペクトした。

今もビジネスが順調に伸びているとはいえ、他社からの出資があってこそのところがある。そういう外部からのバックアップがいっさいなく、自社の収益のみで、会社を確立している経営者ってすごいなと本当に思う。

自分の父親も長年、会社を経営しているが、あのときの経験のおかげで、父親としてだけでなく経営者としてもすごく尊敬するようになった。

大手の会社で働いていると、大きい会社と小さい会社では、大きい会社のほうがすごいというような意識になりがちだ。だが、それはぜんぜん違う。

まだまだ大変だし、まだまだ油断できない。だが、あの悩み期間は、経営者として成長するという意味ではすごくよかった。

ガチンコの資金調達（藤井）

その時期の僕のミッションは、資金調達と提携でした。

会社設立前に集めた第一ラウンドの資金調達は、友人や後輩や親戚など、個人的な関係で出資を募ったのがほとんどです。バイマのシステム発注など大口の出費がかさみ、当初集めた六〇〇〇万円の資金は底をつき、一時は手元資金が二〇万円を切ったこともありました。

そこでバイマのシステムオープンが見えた頃に、ベンチャーキャピタルや事業会社がアンテナを張っていて嗅ぎ付けるであろうメディアにリリースを打ちました。それと同時に、二回目の資金調達を進めました。するとすぐにいくつかのベンチャーキャピタルから電話がかかってきて、「詳しく話を聞かせてほしい」と連絡がありました。

それ以前の段階でもアクションがあったところにはこちらから連絡を入れて、興味がありそうなところにアポイントを入れていきました。

第一ラウンドの友人や知人に出資を募るのも、それはそれで大変でしたが、この第二ラウンドの資金調達は、金融のプロフェッショナルたちとのまさにガチンコの、真剣勝負でした。

何が大変だったのか。当然のことですが、向こうは全員、金融のプロです。それまで何百、何千という会社を見てきた百戦錬磨の投資のプロと交渉しなければならないのに、エニグモには金融のことが本格的にわかる人間が一人もいませんでした。

僕も一応、大学でファイナンスの勉強はしていましたけれど、具体的に仕事でやっていたわけではまったくありません。しかも、卒業してからかなりの年月も経っている。そして会社生活では、財務と無縁なマーケティングの世界にどっぷり浸かっていました。

ただ、ここでこの資金調達の交渉に負けてしまうと、せっかく素晴らしいビジネスアイディアを発明し実現まで漕ぎつけたのに、エニグモの経営権も危なくなるし、今後のエニグモの存続自体が危機にさらされます。経営を死守しながら、十分な資金を調達しなければならないという綱渡りの交渉が必要でした。

我々がどれくらい素人同然だったか。たとえばベンチャーキャピタルと交渉していて、こちらの事業内容についていろいろと話します。そして時期を見て先方が「そろそろファイナンスしましょうか」と言ってきます。

こちらは「ファイナンスしましょうか」と言われても、ファイナンスという言葉が「＝財務」という名詞には結びついても、「＝出資をする」という動詞の意味があることさえも知りませんでした。頭の中では「財務しましょうか」と言われているようなもので、それはあたかも「経済しましょうか」と言われているような意味不明なものでした。資金調達をするために交渉していることはわかっているのに、恥ずかしながら、その言葉が資金調達を意味しているとはわかっていなかった。

そのレベルの知識しかないにもかかわらず、バイマが成功するかどうかまだわからない中で、いかに投資してくれる人たちに夢を見せていくか、ということも考えなければならない。というわけで非常に交渉は大変でした。

交渉の中では、こちらも経営数字はなるべく出さないようにします。引っ張って引っ張って、向こうの気分を盛り上げておいて、その流れと同時によい経営数字を出さなければ、有利な交渉はできません。

そこで相手の会社には申し訳ないのですが、何社かには練習台になってもらいました。そうしたベンチャーキャピタルが、出資を検討するにあたってどんな質問を投げかけてくるのかということを全部見させてもらったんです。

ある一社のときには、徹底的に素の自分を出しました。

「ファイナンスって何ですか?」とか「バリュエーションって何ですか」とか「一株いくらってどうやって決めるんですか」「投資契約書って一体何ですか」といった、素人同然の質問をしました。

当然、「こいつらぜんぜんわかっていないな、こんな会社だめだ」と、彼らは去っていきます。

こちらの狙いは、本命の会社と交渉する前に、彼らが聞く質問が何なのかということをすべて確認しておくことでした。そこで徹底的にヒアリングしたので、本命の会社と交渉したときにどう答えればいいかということを、事前に全部学習できていました。

本命の会社に会ったときには、あたかも投資の交渉のすべてを知っているかのように話しました。本当はばれていたかもしれませんが、少しでもまともな交渉相手だと感じてもらえるよう、他の会社からナレッジを吸収して、隙《すき》を見せないようにしました。

誰も資金調達なんて、やったことがなかった。知識を得るためにネットも調べまくったし、大学のゼミの先輩で金融の仕事をしている人にも聞いたりしました。ゼミの先輩に僕たちのアドバイザーになってくれている人がいて、その人が「そこは危ない」とか、「情報をそこに流したらまずい」とか、アドバイスをくれた。

資金交渉がまとまり、出資が決まったあとも、いつ振り込まれてくるのかもよくわからない。ベンチャーキャピタルと契約するときには、必ず投資契約書というのを結びます。普通のベンチャーキャピタルがその投資契約書の中に盛り込む条件は、経営者にとって非常に厳しい内容であることがほとんどです。

素人が見てもわからないようになっていて、ものすごく細かい字で何ページにもわたっていますが、そこにはいろいろなトラップが仕掛けられています。なにかあったときに経営権が奪われてしまうとか、ペナルティが課せられていたりとか、一言一句、気を抜かずに全部しっかり見ないと、本当に危ないんですよ。それも研究しまくって、いろんな会社の投資契約書を見ました。「こっちはゆるいけどこっちはきついな」とか、「事業会社からの出資とベンチャーキャピタルの出資の違い」とか、リアルタイムで勉強していきました。

いつでも守らなければいけないのは、「強気の態度」でした。経営者が弱気の態度であれば、事業自体が先行き不安定であることを自ら公表しているようなものです。そしてお金を出資する側の会社は、少しでも有利な条件が得られるように好き勝手なことを言ってきます。僕たちは、自社のことを守りながら妥協点を探っていく交渉を何度も繰り返しました。エニグモに入って、資金調達の経験を積む中で、交渉力が一段とアップした気がしました。

僕たちは本当に素人でした。誰もなにもわからない。誰もなんにも本当にわからなかった。向こうから見たら、「何者だこいつら」という感じだったでしょうね。

自分が資金調達にあたったのも、「このメンバーを見たとき、まだ自分のほうが適役だろう」という理由のみでした。この四人の性格を見ていると、お金を扱うとしたら明らかに僕でしょうね。増資のプロセスにおいて財務責任者として動きましたし、日常業務では弥生会計で細かな経理等も担当していました。

財務責任者として機能するか、ちゃんとした経営管理ができるかは自分でもまったくもって不明でしたが、まだましなんじゃないのと。そして僕も自分たちで会社をやる以上、何を担当してもいいいと思っていた。仲間と一緒に情熱的に会社を成長させていくことが重要だと考えていたので、そのプロセスにこだわりはありませんでした。また、大学時代の多様性のある授業や、財務からマーケティングへと大きく舵取りをしたことで、新しい領域に入ることの素晴らしさも体験していました。現在は営業を担当していますが、やはり営業は営業の醍醐味を感じながら楽しくやっています。僕はなんでも楽しくやれる人間なんです。

この資金調達の頃は、現場の生の声を集めながら、本当に一日一日、「自分たちは強くなっていっている」と感じた時期でしたね。

結局ベンチャーキャピタルや事業会社、合わせて二五社に会い、最終的に四社の出資を受けました。ベンチャーキャピタル四社から受けた出資は、一億四〇〇〇万円になった。そして金額だけではなく、その選ばせていただいた四社は素晴らしいパートナーでした。

その後のソネットさんとの提携と資金調達の交渉は、ベンチャーキャピタルのラウンドでこちらの知識が溜まっているので、まったくの素人であった第二ラウンドほどの苦労はありませんでした。提携というのは、バイマをいろんなポータルサイトに入れ込むことを狙ったものです。

ソネットやビッグローブなどの大手サイトを片っ端からあたって、事業計画書を見せては「こんなに儲かりますよ」というのを提案してまわりました。エニグモは設立以来、合計すると、計八億円くらいは調達しています。

今は財務のプロフェッショナルが入社してくれていますが、本当に、金融の素人集団が、よくやったと思いますね。

第5章

世界初第二弾　プレスブログ

役員四人にミッション（須田）

バイマがオープンする前に、ライブドアの当時の副社長の伊地知《いじち》さんから言われていたことがあった。

「成功するネットのサービスは、三ヵ月で感触がつかめる。半年が経った時点で続けるか、やめるかを決めないといけない。決められないようであれば、赤字が増えないうちに、リソースを新たな他の事業に投資するためにも、撤退したほうがいい」とアドバイスされた。

バイマもオープンして半年が経過し、会員数の伸び悩みから撤退するかしないか、役員の間で真剣な話し合いが持たれた。この時点で会員は三万人ほどだった。

僕個人としては「バイマ自体がだめだ」とはまったく思っていなかった。

「会員を増やしていけば必ずいつかビジネスとして成立するな」と感じていた。

当初は、バイヤーが商品を売り出す値段の設定も、自分の欲望のままに高い値をつける人が多かった。しかし時が経過し、市場として機能してくるようになると、バイヤーも儲かるし、買う人にもメリットがある値段に落ち着いてくるようになった。

同時に、魅力のある商品が出れば、必ず売れることもわかってきた。

当時、「バイマでしか買えない商品」としてアバクロというアメリカのメーカーの洋服が売れ出していた。

他の国の商品はあまり売れていなかったが、「アバクロが流行《はや》っているみたいだから、ひとまずこれを集中して売り出してみよう」と、バイマのサイト上でアバクロ特集をやってみた。するとすぐに「バイマというサイトで品薄のアバクロが買えるらしい」とネット上で話題となった。

「アバクロは多くの日本人にオシャレなブランドとして存在が知られているにもかかわらず、現在日本で買えないから、バイマにたくさんの人が買いに来る。だが、本当のバイマの狙いは、現地の人しか知らないようなよい商品、面白かったりこだわりがある商品が購入できることにある。そこが十分にアピールできていないのは、後押しや権威がないからではないか」と考えた。

サイトを訪れた人にそうした知らない商品の魅力を伝える必要があった。そのためには、バイヤーのセンスのよさとか、どういうライフスタイルの人なのかを見せて、「この人が選ぶなら間違いないだろう」と感じてくれるようにしたかった。

バイヤーの人となりをフューチャーし、権威づけをしてもらおうと考えたのだ。

なおかつエリアももっと細かく分類することにした。「アメリカの商品」というくくりではなくて、「ロサンゼルス」「ニューヨーク」とバイヤーの登録できる場所も細かくしていった。

いちばん最初の「モノが出品されているだけのサイト」から、個々の人間の存在感や温かみが感じられるサイトに変えていくことにしたのだ。

せっかくここまで育てたバイマだ。役員四人の真剣な話し合いの結果、最終的には「規模が大きくなれば市場は確実にある」という結論で継続が決まった。ただしちゃんとバイマが儲かるまでのモデルになるには、かなりの時間がかかる。

そこでバイマは、ゆっくり育てて大きく刈り取るという位置づけにした。

バイマが育つ間に会社を存続させるための資金を調達し、より魅力あるサイトにリニューアルするのと並行して、会員をクリティカルマスまで増やす。そして、バイマ以外の収益源を新しく生み出し、確保するということが決まった。


と同時に、六人しかいない会社なのに、物事が進むのが遅すぎると感じていたことから、「みんな納得した上で決めよう」的な会議体で進めていたのを、迷ったときは共同経営者の須田と田中が決めることにした。それによって経営判断のスピードを高めたかったのだ。毎回役員全員で議論するから決定するのが遅い。そこで田中と相談し、責任者を明確にして、その責任者が一人でどんどん進められるようにすることにした。

責任者にはちゃんとノルマを持たせたほうがよい。一言でいうと、それぞれに責任を課したかった。それで、毎週月曜日に開いていた役員会に、今後どう進めていくべきかというメモを僕が用意していった。

九月に行った役員の話し合いの結果、取締役がそれぞれ、二〇〇六年の一月末を期限とする、ミッションを持つことを決めた。


須田は、その年度の末（一月末）までにバイマの会員数を一〇万人に持っていく。

安藤は、バイマのデザイン全体のリニューアルを予定期日までに完遂する。

藤井は、そのとき進めていたソネットとの提携と資金調達を成功させる。

そして、田中が担当したのが、新しい収益源になるビジネスの開発だった。

「達成できなかったら、代表を降りる」（田中）

バイマ立ち上げ時、僕と安藤がマーケティング担当だった。メインのプロモーションはネット広告と決めたが、その中でもブログに注目していた。

バイマというサイトはまったく新しいサービスであったため、内容を伝えにくい。サービス自体を一から説明しなければならない。小さなバナー広告のスペースや少ない文字量では、バイマの説明は難しい。そう考えるとブログで体験談とか感想として取り上げてもらうのが効果的だろうと考えた。

また、新しい今までにないサービスとして、ブログで盛り上がっている感じを出したかった。

ブログの反応は非常に早い。

「ブログで話題になっている、イコール、バイマが流行っている」

そんな構図でバイマの話題を喚起して「流行っている感」を醸成したかったのである。

それで「ブログにリーチできるプロモーションの仕組みはないか」と考え、いろいろとブログの広告サービスを探してみた。広告代理店的な発想では、たとえばＯＬ層やティーン層など、特定のセグメントを会員組織としてマネージメントしているプロダクションや広告制作会社などがあって、そこに依頼すればそのセグメントに呼び掛けてプロモーションに参加してもらったりすることができる。ブログにおいてもそのようなサービスを運営している会社があるはずだと思ったのだ。

ブログで書かれた内容に連動してバナーを張るとか、テキスト広告をブログの記事の隣に表示するというモデルはあったが、我々が求めていた「ブログで盛り上がる」という効果を達成できそうなものは存在しなかった。

そこで、いったんブログを使ったプロモーションはあきらめ、従来のネット広告などに力を入れることにした。

「残念だが仕方がないな」と、そのときは考えた。

それから八カ月が経ち、バイマ以外の「黒字の」収益源を、年度内（残り四カ月）に考えるというミッションを自ら抱えてしまった。非常にハードルは高いが、それだけにやりがいも責任も大きい。

今だから言えるが、「これが達成できなかったら、エニグモの代表を降りる」と真剣に当時は決めていた。それぐらい、気合を入れて考え始めた。

新ビジネスの方向性を決めるにあたって、「確実に売上を上げるには、法人営業ができるビジネスがいいだろうな」と考えた。

バイマは取引の場を提供するいわゆる「マーケット型」のビジネスである。サイトの使い勝手をよくしたり、サイト上で特集を組んだり、キャンペーンを張ったり、試行錯誤しても思うように取引が伸びない状況が続いていた。

がむしゃらに営業すれば頑張った分だけ売上が上がるビジネス。

努力と売上が比例するビジネス。

そんなビジネスを求めていた。

自分たちもバイマのプロモーションのために、ネット広告に数百万円を投資した。媒体側はもともとあった広告の枠を提供しただけであり、バイマの広告のために何かをわざわざ作ったわけではない。しかもネット広告だから、印刷代の手間やコストもかかっていない、非常にコストパフォーマンスのよい商材だ。

そんなことから「ネットでメディアを持つと強いな」と思った。メディアとして確立するためにはそれなりの投資が必要だし、運営コストもかかる。だが、一回影響力のあるメディアを確立してしまえば、それが資産となってビジネスを展開していくことが可能となる。

そこで注目したのが、メールマガジンだった。メルマガという仕組みは、非常にビジネス的に簡単で、収益性が高い。テーマに関心があるメルマガの会員を集めてしまえば、そこにマッチする内容の広告を入れていくことで、継続的なビジネスを展開できる。ビジネスモデルとして魅力的だなと思った。しかし同時に、「世界初とか言っている会社が、今さらメルマガはないよな」という思いもあった。

もう一つ、当時、いろいろな会社がサービスの提供を始めていたネットリサーチにも着目していた。ネットリサーチは、一般の消費者にウェブサイト上でアンケートに回答してもらい、それを統計データとして依頼した企業に提供するサービスである。博報堂のマーケティング局にいたときも、いろいろなリサーチ会社がサービスの売り込みに来ていて、ネットをうまく活用したビジネスモデルだな、と思っていた。一般の人たちがアンケート調査に参加してもらえる金額は、わずか一〇円とか二〇円であると聞いて驚いた。

それだけ些少な金額でもやる人がいるということは、単にお金がもらえるというだけでなく、そこにはたとえば主婦や学生やリタイアした方が、企業の事業活動に参加できるというモチベーションがあるのだろうとも考えた。たとえお小遣い目当てだとしても、少額を積み上げていくという仕組みでもインセンティブとして機能することも明確だった。ネットリサーチのように消費者を参加させて、何かのアクションを起こさせるようなサービスができれば面白いなと思い始めた。

また、数年前から広告のあり方も変わってきていた。インターネットや携帯コンテンツの普及により、マスメディアだけでは消費者に商品情報を届けられなくなってきていた。しかもインターネットを活用して商品についていろいろ調べることもできるようになり、マス広告が購入行動に与える影響も前ほどではなくなってきていた。企業発信の広告よりも、自分が仲がよかったり、その分野にすごく詳しい人の意見のほうが信頼できると考える人が増えつつあった。ブログが普及することによってさらにその傾向は強まった。

ネットを通じた口コミが重要になるのは明らかだった。

ミッションが与えられてから、二週間ほどが経ったある日。

メルマガ、ネットリサーチ、ブログ、口コミ……。

そうしたキーワードが頭の中でぐるぐると回っていた僕の頭に、一つのアイディアが降りてきた。

その瞬間、「これは絶対にいける」と確信した。

田中の不穏な一週間（須田）

田中や安藤が「新規ビジネスのアイディア」を思いついた瞬間は見ていない。ただよく覚えているのは、ある日、「やべえ」「きたよ」と田中がにやにや笑いながら言っていたときの姿だ。「あ、きたか。待ってたよ」と言ったが、内容は詳しくは聞かなかった。

その頃毎週、月曜日の朝にミーティングがあった。

株式会社では定期的に取締役会議というものを開かなければならない。当時、六人しかいないエニグモは、役員が四人なので、取締役会議といっても実質は全体会議みたいなものだった。毎週、月曜日の朝に集まり、一週間の所感とか、これからの行動予定などを共有するのがその場だった。

九月のある日のその会議で、田中が「ちょっと今週一週間は、専念したいことがある」と発言した。

「お金になりそうなアイディアの片鱗《へんりん》を思いついたから、それを固めるために、雑務はやりたくない。一週間、専念したい」と言った。

その後、田中が机で難しい顔をしながら「うーん」とのけぞったり、考え事をしている様子がよく見られた。

「ちょっとカフェ行ってくるわ」と言って、安藤や柿谷と姿を頻繁に消していた。

一週間、何もやっているようには見えなかったが、何かが生まれつつあったのだろう。

その会議のすぐ後に、すごく仲よくしてもらって友だちづきあいしている会社の経営陣と飲みに行く機会があった。そのときに向こうの創業メンバーと、田中が酒を飲みながら話をしていた。

酒も入って盛り上がっている中で、田中がふと、こう漏らした。

「三万人のＯＬブロガーをネットワークできたら、そこに商品情報を発信してみたくはないですか？」

それを聞いた社長は、「ＯＬのブロガーが三万人か。それはかなり魅力的だな。ぜひ情報発信してみたいね」と言った。田中も「でしょ！」と大喜びだった。

そのときになんとなく、そういう系統のサービスだということがわかった。

その後、間をおかずに、彼は安藤と一緒にいくつかの会社にヒアリングに行っている様子だった。

ある日、役員が集められ、田中からパワーポイントの企画書を見せてもらった。

そこにほぼ、「プレスブログ」と名づけられる、エニグモが開発した「世界初第二弾」のサービスの原型があった。

「プレス」という位置づけにこだわる（田中）

最初は、「ＯＬプレスルーム」という名前で考えた。

首都圏で働いている若い女性のブロガー（ブログを書いている人）を束ねて、そこに企業からの情報を流してブログに書いてもらう。

「商品名を必ず入れる」「企業サイトへのリンクを張る」「誹謗中傷《ひぼうちゅうしょう》を書かない」といった一定の条件を満たしていれば、自分のブログに書くだけで報酬がもらえるという仕組みである。

ＯＬと口コミとブログという組み合わせが、ものすごくしっくりくる感じがしたのだ。

アイディアが閃《ひらめ》いてすぐに、ビジネスモデルとして成立するかどうか、収益性を考えていった。

ブロガー一〇〇〇人に書いてもらうとして、企業からいくらで受注し、ブロガーにいくら原稿料を支払えばビジネスとして成立するのか、精査していった。

このサービスでは書いてもらったブログを、目視でチェックする人員も必要になる。一人の人が、一時間で何件のブログがチェックできるか、そのための人件費がどれくらいかかるかも同時に検討していった。

その際に参考にしたのがネットリサーチの金額だった。一〇円、二〇円の単位でネットリサーチが成立しているのだから、「ブログに書く」という行為はそれよりハードルが高いとはいえ、一〇〇円単位の報酬で成立するだろう。

二〇〇五年はブログが大流行した年である。流行に乗ってブログを始めたが、書くことがなくてやめる人が出てきているという声も聞いていた。

リリースを「ネタの提供」と考えてもらえれば、お金だけではないモチベーションでやってくれるだろうという思いもあった。

また「プレス（新聞、メディア）」という位置づけにすることが大事であると考えた。

「自分たちはブログという新しいメディアの編集長だ」

と、ブロガーに思ってほしかったのだ。実際、ブログの普及によって企業の商品情報が消費者に伝わるメディア構造が大きく変わったのだから、企業が情報を配信する先もそれに合わせて変わるのは当然だと思った。企業の情報を一〇〇〇人に書いてもらうといっても、同じような切り口、内容ばかりでは読むほうも書くほうも面白くない。

新製品や新サービスという「ニュース」を、一〇〇〇人のブロガーがいれば一〇〇〇通りの見方で捉えてブログに書く。そこには多種多様な意見が生まれ、商品を捉えるいろいろな切り口が出てくるだろう。

それがネットの空間に広がり、蓄積されていくことで、これまでのネット広告とはまったく違う価値が生まれるにちがいないと考えた。

またブログというメディアの特性上、その読者は、筆者と近い趣味や嗜好を持っていたり、親しい友人や知人であることが多いと考えられる。伝える側と受ける側の距離感によって、情報の価値や訴求力は大きく変わってくる。読者がブログにコメントできるというインタラクティブ性も兼ね備えている。

この仕組みを考えていくうちに、

「ＯＬに特化してしまうと、クライアントが限定されてしまう。せっかくこれだけいろんな人がブログを書き始めているのだから、枠をはめないほうがいい」

と判断した。

最終的には、ブログを持っていれば誰でも参加できることにした。サービス名もわかりやすく『プレスブログ』と決めた。

思いついた瞬間から「このサービスは絶対に当たる。間違いない」という自信があった。

僕は、「これだ！」と思ったら、すぐに行動に移すタイプである。早速、企画書を書き始めた。ビジネスモデルを整理して、ユーザーとサイトとクライアントの一連の流れを考え、企画書にそれを落としていった。

数日後の取締役会議。

須田と藤井に企画書を見せると、二人とも「これは絶対に売れるよ」とすぐに賛同してくれた。

藤井からは「間違いなくいけると思う。俺がクライアントだったら絶対にやる」という力強い感想が返ってきた。それを聞いて「だろ！」と自慢した。「一秒でも早く実現しよう」ということになった。

早速、安藤といろいろ相談しながら、サービスのフローや料金体系を固めていった。

その期間は僕はバイマにまったく関わらず、その新ビジネスに専念していた。

安藤はバイマのシステムリニューアルも担当しながら、この新ビジネス、「プレスブログ」の開発も手がけてもらったので非常に大変だったと思う。

プレスブログのシステムを作り込むことはまったく考えていなかった。

このサービスは会員組織の構築に付加価値がある。重要なのはコンセプトが明確に伝わるかどうかだ。最初は、会員を集められる入り口のサイトだけがあればいい。まずは立ち上げてしまうことが大切だった。

バイマのシステムは決済やセキュリティの問題などを事前に解決しておく必要があり、変なエラーなどが多発していると信頼性が損なわれユーザーも離れていく。また参加者同士のマッチングの精度が低いと市場として機能しない。そのため、バイマはある程度初期費用が必要なモデルだったが、プレスブログは事前のコストがほとんど要らないモデルだった。

まずは仕組みの確立と、会員を集めるサイトのアップ、そして広告主となるクライアントを見つけてくること。スタートはそれだけで十分であり、細かいサービス内容は必要に応じて調整していくことにした。

プレスブログは「スピード&スモールスタート」で行く戦略をとった。「ぺらいちサイトでいいんです」と、バイマを頼んだ同じシステム会社に、非常にシンプルなサイトを発注した。

バイマのときとはまったく違うスピード感で、アイディアの片鱗を思いついてからわずか二カ月という短時間でプレスブログはスタートした。

再び世界初（田中）

プレスブログは、ブロガーをネットワーク化して、企業からの情報を自分のブログ上で発信してもらうサービスだ。

企業からの商品やサービス情報を、プレスブログ事務局が登録ブロガーにプレスリリースという形で配信する。ブロガーは書いてみたい情報を取捨選択し、自分のブログに書いた後に、掲載報告を事務局にする。事務局のスタッフはそのブログの記事を目で確認し、掲載条件を満たしていた場合に編集費を支払う。一〇〇〇人のブロガーが書けば、その何倍にもあたる読者がその記事を目にし、さらに読者から友人へと口コミで情報が広まっていくことが期待できる。

これまで企業は、新製品や新サービスのプレスリリースを新聞やテレビ、雑誌といったマスメディアに流していたが、ブログの台頭によって消費者が接触するメディア構造が変わった中、企業が情報を送る先もそれに対応する必要があるという考えから生まれた。

広告業界全体で、「ネットでの口コミがユーザーの購入に与える影響」が、大きな話題になりつつあるのに、それに対して直接働きかけられるメディアはまだ存在していなかった。

何よりも、自分たち自身がその少し前、バイマのプロモーションにブログを使いたくてもできなかった、という経験の裏づけがあった。自分たちと同じように「ブログをマーケティングに使いたい」と考えている広告主は絶対にいるはずだ。

調べてみると、ウェブマーケティングの本場であるアメリカにも、同様のサービスはまだなかった。

「俺たちがこのサービスを始めれば、世界初第二弾だ」と盛り上がった。

だが、サービスとしては広告よりもＰＲの要素が強いと考えていたため、エニグモ単体よりは、ＰＲ会社と組んで展開していくほうが、サービスの質においてもブランディング的にもよいだろうと考えた。僕と安藤の二人だけでは、そもそも人員体制的に辛いという考えもあった。バイマの立ち上げ時にお世話になったＰＲ会社の方に相談したところ、美容やファッションなどに特化しているPR会社の社長を紹介していただいた。その社長は、数年前に共同PRという大手のPR会社から独立し、WGPRという会社を経営していた。ネットとPRと、業界は違うものの、僕らと同じベンチャースピリットを持っていた。「面白いですね。ぜひやりましょう」とその場で返事をいただき、プレスブログのローンチ（サービス開始）に向けて一気に進み始めた。

最初のクライアントに名乗りを挙げてくれたのは、映画配給会社のギャガだった。PR会社と一緒にギャガに提案に行ったところ、「たいへん面白い。新作映画のプロモーションにぜひやってみたい」と言ってくれ、まずは実施してみることになった。

映画のプロモーションは、話題になることが何より大切だ。担当者は常に、どうやって映画公開までに話題性を高められるか、頭を悩ませている。

このプレスブログという仕組みは、そういう「世の中の話題になることを仕掛けたい」という向こうのニーズとも、がっちり合ったと思われる。

プレスブログの会員を集めるのは、バイマに比べて非常に簡単だった。バイマでの経験を活かし、いくつかのネット広告を組み合わせて募ったところ、一週間で数千人のブロガーが登録してきた。会員が簡単に集まった理由の一つとして、プレスブログ自体がすごくネットの口コミにのりやすいサービスだったことがある。ブログさえ持っていれば書くだけでお金になるというサービスなので参加のハードルが低く、あっという間に広がっていった。

一カ月で約三万人のブロガーがプレスブログに登録し、最初のリリースを公開する準備が整った。

「世の中、動かしちゃった」（田中）

プレスブログの一件目のリリースの送付は、二〇〇五年十二月八日に行った。

翌年一月に公開になる映画、『プルーフ・オブ・マイ・ライフ』の予告編の動画を見てもらい、作品に対する期待をブログに書いてもらうというものである。記事は一〇〇字程度。謝礼は先着順で一〇〇〇名まで、一つのブログ記事につき二〇〇円を支払うことにした。抽選で映画のチケットとポスターもプレゼントする。

「じゃあ、送るぞ」

三万人の登録ブロガーに、プレスリリースのメールを送った。

一時間後には、ブログに書かれ始めた。

瞬く間に、ブログに書いたという申請がプレスブログのサイトに届き始めた。一晩で申請数は数百に届き、それを見た我々は「これすげえよ！」と、みんなで叫んでいた。

その前の半年間以上、バイマをいろんな雑誌やいろんなメディアに取り上げてもらうためにさんざん苦労した。しかしそれを読んだブロガーが、自分のブログにバイマのことを書くことは、滅多になかった。

それがプレスブログでプレスリリースを配信した途端に、一晩で何百という数のブログに書かれている。

「どれだけのブログに書かれているんだ」と、映画のタイトルで検索してみた。

その結果。映画の公式サイトがトップに出て、二位から数十位までが、すべてエニグモが配信したリリースをもとに書かれたブログの記事だった。

それを見て、社員全員で、「俺たち、世の中を、動かしちゃったな」と、ちょっと大げさに言ってみたりした。

日経産業新聞には、でかでかと「ギャガ　ブログで映画宣伝　書き手に作品情報・原稿料」という記事が掲載された。

その記事を見た企業の広告担当の方や広告代理店の方から、問い合わせが次々に入り始めた。

口コミ広告の口火を切る（田中）

プレスブログが秀逸だったところは、「商品名を記載してください」「キャンペーンサイトのＵＲＬを記載してください」などの「条件設定」で広告効果を担保しつつも、書く内容について制限をなるべく加えないというところにあった。クライアントが書かれる内容についてナーバスになるかもしれない、という予想は当然あったが、ブログの勢いをマーケティングに活かさない手はないという思いがあった。

古い代理店的な感覚の持ち主ほど、プレスブログについて「それは成立しないだろう」と言った。

「どう書かれるかわからないし、自社でコントロールできない媒体を代理店がクライアントに勧めることはできない。売れないんじゃないの?」と、ある広告関係者には言われた。

我々は、その逆にユーザーに書いてもらう内容を強制するのは、間違っていると考えた。消費者は一方的に伝えられる広告に、もう関心はない。むしろ代理店側の人間がその流れに気づいているはずだと思っていた。

ウェブマーケティングはアメリカのほうが先行している。大手のクライアントもどんどん口コミ広告のほうに予算をつけている。

二〇〇六年、プロクター&ギャンブルはマス広告を縮小して、プロダクトプレイスメントや検索連動広告、口コミ広告の三つに絞っていくと発表した。

大手の飲料メーカーでジム・ビームやテキーラのサウザを扱う会社も、マス広告を完全にやめてネットにシフトすると報じられた。どんどん口コミ広告の市場は増えている。

口コミ広告はいろんな手法が乱立しつつあるが、プレスブログはネットの力を活用して効率的に口コミを広めていく手法の口火を切ったと思う。

映画を見た感想を書いてくださいとか、コンビニでパスタを買って、食べているシーンを写真で撮って文章とともにあげてくださいとか、実際に体験というアクションを起こした上で口コミを広めてもらうことも可能になった。

方向性だけを決めて、ユーザーに書く内容を任せつつ、条件が指定できたのがプレスブログの成功の大きな理由だった。完全にユーザーに何を書いてもいいとすると、クライアントにしてみれば広告商材になりえない。

プレスブログは、二〇〇五年末当時、ブログという新しいメディアがものすごい勢いで広がる中で、生まれるべくして生まれたサービスだった。エニグモが始めなければ、どこかの会社が似たサービスをきっと始めていたことだろう。

ただし、こうも思う。

「アイディアだけではどうにもならない。それを具体化できるか、実現できるかどうかが重要なんだ」と。

これはエニグモを立ち上げてから常に思っていることである。

プレスブログもそうだった。当初、アナログでできることは全部アナログでやっていた。会員管理や、原稿料の支払い、どの会員がいくら分の記事を書いたか、といったデータも、最初はエクセルで管理していた(今は自動化している)。

「一〇〇〇人のブログをすべて人間が目で読んでチェックする」

「ブロガーたちに一人ずつ、数百円の金を支払っていく」

　こうした非常に手間がかかることを、あえてやろうと決めて、現実化することで成立したビジネスモデルだった。

　プレスブログには開始直後から、次々と案件が持ち込まれてきた。時代がブログを使ったキャンペーンを待ち望んでいたときに、まさにどんぴしゃのタイミングでスタートしたといえる。

　最初は僕と安藤やＷＧＰＲさんが営業を担当し、ブログのチェックもＷＧＰＲさんと手分けして行っていた。

　そのうちにとてもじゃないが回らないくらい、引き合いが増えてきた。

「マンパワー不足のために、機会を損失している」と社内で話し合い、スタートして三カ月目には「予算を投下して一気に大きくしよう」ということになった。

　それまでバイマが主役でプレスブログが脇役だったのが、「これは伸びる」ということになり、プロモーションのコストをかけて会員も増やして、専属の営業を採用していくことにしたのである。その結果、ＷＧＰＲさんとの業務提携は途中で解消してしまうのだが、ＷＧＰＲさんなしには今のプレスブログはなかったとも思う。

人材採用で学んだこと（須田）

二〇〇六年一月。

プレスブログの第一弾の案件が、素晴らしい結果に終わったのと同じ頃、安藤の努力の賜物であるバイマのリニューアルも完成した。

僕のミッションだった「バイマの会員数一〇万人の達成」も、見えていた。バイマのリニューアルとプロモーションの効果もあって、この四カ月で会員数三倍、売上五倍を予算内で達成することができた。

藤井が進めていたソネットとの大型提携と資金調達もうまくいきそうな感じだった。足元のバイマの業績が伸びていたことも大きかったと思う。

さらに、最後のミッションであるプレスブログもひきあいが多いという感触をつかんでいたので、すべてのミッションが見事にうまく行き、これは一気に「いけるんじゃないか？」という活気が出てきた。

その時点でプレスブログの営業は田中と安藤の二人が担当していたが、回らなくなるのは目に見えていた。専任の営業を雇えば、もっと受注が増えることは間違いなかった。プレスブログのチェックも、何人かバイトを雇わないと回らない状況になっていた。そうなると今のオフィスを引っ越さないと人も雇えないし、限界だろうなという話になった。

営業の専任者は、サイバーエージェントにいた宇佐美という男に来てもらうことにした。もともとサイバーエージェントでバイマの広告を担当してもらい、彼に頼んで出稿したり、新しい媒体を紹介してもらったりしていた。うちがクライアントで彼が担当の営業という関係だった。

田中と安藤はバイマのマーケティング担当だったので、宇佐美のことをよく知っていた。プレスブログを考えるときに、総合代理店の発想は当然あったが、ネット広告の世界はいまいちわからない。そこでいちばん身近でネットの広告のことを相談できるのが、当時ネット広告の営業をしていた宇佐美だった。

宇佐美ももともと、新しいネットサービスを作りたくてサイバーエージェントに入ったので、損得抜きの好奇心からやってみたいと言ってくれた。

ただし宇佐美はサイバーエージェントでも非常に評価の高い営業だったので、向こうの人とも話し合いの場を持った。結果的には丸くおさまってエニグモに来てくれることになった。

ただ後日談が一つある。あるカンファレンスで、サイバーエージェントの社長、藤田晋氏の講演を聞いた。テーマは人材採用についてだった。

「いかに企業にとって、人材採用が重要で大変か。一日のうち、自分の職務の八割くらいを採用に割いていています。だから苦労して採った優秀な社員がいなくなると、非常に悔しい」と話していた。

その後、主催者に引き合わされて藤田氏に「エニグモの須田です」と挨拶した。すると若干だが不機嫌そうに、「あ、宇佐美のね」と言われた。「あ、やべ、ばれてる」と思った。サイバーエージェント規模の会社になっても、若手社員の転職先を把握しているとは、本当に採用を大事にしているのだと感じた。

エニグモを経営してきて、いちばん身をもって学んだことは、人（採用）が企業に与えるインパクトの大きさだ。企業は人でできているのだ。

「一〇〇億の市場」（田中）

プレスブログのサービスがスタートしてから二、三カ月後には、ほぼ同じサービスが二つ、三つ、次々に立ち上がり、「こんなに早いのか」と驚いた。

競合が増えることによって、ブログを活用した口コミ広告の市場が確立・拡大していく。だから競合サービスが出てくるのは歓迎だった。重要なのは、プレスブログがその市場をリードしていくことである。

ただし、いくつか立ち上がってきたサービスはいずれもプレスブログにそっくりで、機能的に加えていることもほとんどなかった。市場を発展させるという意味では残念だし、そもそも

って しまう。

「なんで差別化しないんだろう」と思った。それではよい競争にならずに市場の食い合いにな

プレスブログ的な口コミのネット広告は瞬く間に広がっていき、「有名ブログのみに配信します」といった差別化を図るところも次第に出てきた。そういう競争は歓迎である。

一人の人が大きな影響力を持って、多数の人に情報発信するというのは、従来のマスメディアと考え方は変わらない。我々のサービスの肝《きも》は違うところにあった。そんなに影響力の及ぶ範囲は広くないけれど、自分の友だちや知人など濃い読者を少数持っているブログを多く束ねたほうが、本当に濃い口コミが発生するという考え方をとっていた。

今現在も、良質な口コミがより生まれやすくなるような方法や仕組み、オペレーションをどんどん工夫している。

二〇〇七年末には、プレスブログがスタートして丸二年が経った。その間に、日本のネットの広告市場全体で、一〇〇億円以上が口コミネットマーケティングに使われた。エニグモの存在が、そのきっかけの一つだったと、ひそかに自負している。

第6章

世界初第三弾　フィルモ

五人目の役員（田中）

年が明けた二〇〇六年一月。プレスブログはサービス開始直後からたいへん好調で、次々に仕事が入ってきた。エニグモの急拡大がまさに始まりつつあった。プレスブログに本腰を入れることを役員会で決定し、営業を中心に人員をどんどん採用していくことにした。資金調達にも手ごたえを感じていたので、青山のマンションオフィスからできる限り早く、三〇人ぐらいは入れるオフィスに引っ越そうと決めた。

と同時に、「エニグモを上場まで持っていくには、財務のプロフェッショナルが必要だ」という話になった。

それまでは、藤井が全部、財務を見ていた。ポータルとの提携業務の実務面から交通費の精算まで、金回りはすべて担当してもらっていた。

一度、須田と一緒に、藤井に「CFOをやらないか」とオファーしたが、すぐに断られた。

「エニグモを本当に大きな企業にしていくならば、自分が財務を見るのは力不足だ」と藤井は言った。

「ベンチャーの資金調達のレベルなら一生懸命勉強しながら何とかできたが、これから上場を目指す会社の財務責任者をやるのは自分では絶対に無理。金融のプロの友人や先輩を見ていて、自分には到底無理だというのがわかるから、CFOは絶対に採用したほうがいい」と。

そこでCFOの候補になりそうな人を探し始めたが、なかなかいい人に巡り合えない。

いろいろな人に相談したり、紹介をお願いする中で、藤井の知人でロケーションバリューという会社の社長さんが、「ちょっと心当たりがある」と言ってくれた。

その方が紹介してくれたのが、松田だった。

初めて松田がうちの会社に来た夜のことをよく覚えている。

深夜までいろいろ話し込み、松田が帰った瞬間に「探していたのはこういう人なんだよ！」と、みんなですごく盛り上がった。

ただ、「来てくれるかな」「たぶんすごい給料高いと思うよ」とは心配していた。

どう話を持っていけば来てくれるか、みんなで相談した。

財務という、企業が大きくなる上では、欠かせない重要なポジションを任せられる人に、やっと巡り合ったと感じていた。


「この会社は、くるな」（松田竹生・エニグモ役員）

エニグモの存在を知ったのは、二〇〇六年の二月でした。

ある日、柴田さん（現オプトエナジー㈱CFO）というトーマツ時代の先輩から電話がかかってきたんです。

柴田さんは、当時、ロケーションバリューという会社のCFOをされていました。その会社の社長の砂川さんという方がエニグモの藤井と知り合いだったのです。

藤井が砂川さんに、「CFOを探している」と相談し、砂川さんが柴田さんに相談し、その結果、自分のところに連絡が来ることになったのです。

「松田君、エニグモという会社があるんだけれど、CFOを探していて、できそうな後輩とか友だちとか誰かいないかな」というのがいちばん最初でした。

トーマツやリーマンブラザーズのような会社で働いていると、「CFOになれそうな知り合いを紹介してくれないか」という問い合わせは、頻繁にあります。

そのとき僕はエニグモを知らなかったので、「どういう会社なんですか？」と聞きました。自分自身は当時、米国留学から帰国後、リーマンブラザーズに転職し、一年も経っていなかったので、転職する気はさらさらありません。

電話をかけてきた柴田さんも、僕自身が転職するとは思ってもいなかったはずです。それで知り合いや後輩を紹介してくれ、という電話だったのです。

いろいろとエニグモについて聞いているうちに、興味を抱き、家に帰ってネットで調べてみました。「経営者はちゃんとした人たちみたいだよ」という柴田さんの言葉も頭に残っていました。

「バイマって面白いな。すごく新しいし、独自性がある」と思いました。当時、カバレッジバンカーとして、インターネット業界やメディア業界を担当していたこともあって、バイマの将来性や可能性にとても興味を感じました。そこで、自分自身が彼らのところに行ってみて、詳しい話を聞いてみたいと思うようになりました。

当時、六本木ヒルズで働いていて、自宅に帰る際にエニグモがあった青山のマンションの前を、毎晩タクシーで通っていました。

正直に言うと、

「早い段階で経営者に会っておくのも悪くないかな。将来、大きく成長したらビジネスになるかもしれないし」というくらいの気持ちでした。

もちろん、その時点では自分が入社するとはまったく考えていませんでした。

しかし、青山のマンションオフィスの玄関をくぐって、初めて四人に会ったときに、うまく言葉では表せないんですが、直感が働いてしまったんです。

「この会社は、くるな」と閃《ひらめ》いてしまった。

その日は、夜中の一時くらいまでエニグモのオフィスで話をしました。プレスブログが始まったばかりの頃で、ビジネスの話もしましたが、それよりもっと根本的な部分での波長が合うな、と感じました。そのときは具体的な話は何もしませんでしたが、帰りのタクシーの中で、自分の中では「この会社に来てしまうかもな」と考え始めていました。

ベンチャーはアドベンチャーであり、現在の事業は、うまくいくかもしれないし、うまくいかないかもしれない。それより、世界初のビジネスを作り出す人たちの感性や、熱い志のようなものが、自分の琴線に触れ、直感が働いてしまった。この人たちなら、何度転んでも最後は結果を出すだろうなという強い運気も感じました。

私は大学卒業時に公認会計士二次試験に合格し、大手監査法人に七年間勤務した後、米国の経営大学院に留学しました。帰国後、コーポレートファイナンス業務を幅広く経験するために、リーマンブラザーズ証券の投資銀行部門に転職し、合併や買収、資金調達のアドバイザリー業務をしていました。学生時代から、なんとなく経営者になりたいという方向性は見えていて、すべてのキャリアはその準備だと考えていたので、投資銀行に数年勤務した後は、具体的に経営をできるポジションを探そうと考えていました。

実際、エニグモを知る以前にも、「CFOのような立場で仕事をしてみないですか」という話は、何度かいただいていました。

あるときは、かなり大きい会社のCFOをやらないかという話をいただき、実際に経営者にお会いしたこともありました。従業員が一〇〇〇人以上もいる会社で、条件も魅力的でしたが、そのときは直感が働かなかったんです。「面白いな」とか「やってみたいな」とは、感じませんでした。経営をするまで、もう少し準備期間が必要だなという思いもありました。

当時六人しかいないエニグモは、入社すれば経営はできるとはいえ、まだベンチャーとも言えないような、それこそ「卵」のような会社でした。

それでも彼らと話をしていて、「これはくるな」という直感が働いた。「やってみたいな」と思ってしまった。

自分の直感には、根拠のない自信がありました。理屈ではなくて、確信めいたものと言っていいかもしれません。そのときはそれが働いたんですね。

家に着くと、いつもは絶対寝ている妻がなぜか起きていました。

「もしかしたら転職することになるかもしれない」と伝えたところ、すごく驚いたのをよく覚えています。


その後、現実的に「本当に行くのかな」と考えたこともありました。実際問題、サラリーマンとしては十分すぎる給料をもらっていて、生活もその収入が前提になっています。それがベンチャーでいくらもらえるかもわからない、なおかつ自分が財務の責任者として財布を預かるのに、たくさん給料をもらうわけにもいきません。

そういう具体的な問題を考えたときに、本当に行くことになるのかな、とは思いました。

四人から具体的な条件が出てくることは一切ありませんでした。とにかく、「どういう環境であればエニグモにジョインすることを検討できるか、そのハードルに対して最大限努力します」ということでした。今、思えば非常に交渉上手だと思いますが、三顧《さんこ》の礼をもって向き合ってもらっていると感じたし、本当にエニグモに来させる気なんだという気合と男気を感じましたね。

最終的に、僕のほうから四つの条件を出しました。エニグモがいるステージや自分がジョインするタイミングを考えればハードルが高い条件だったので、難しいかなという気持ちもありましたが、その条件を彼らがクリアできるのであれば、覚悟を決めて一緒にやろうと腹をくくりました。

一つ目は給料です。妻に「家族四人が生活していくのに、毎月いくらあったら足りるかな」と聞いたことを覚えています。二つ目は役職。経営をする以上、取締役であることにはこだわっていました。三つ目はストックオプションの比率。最後の四つ目に、「現株に一定比率の投資をしたい」という条件を挙げました。

ストックオプションは権利を持っているだけなので、フィナンシャルなリスクを負っているとは言えませんが、現株はキャッシュを入れるので、逃げ出すことはできません。退路を断つためにも手金で投資するということに重きをおきました。

その四つの条件をクリアしてくれるのであれば、すぐに決断をしますと伝えました。

そして、見事に彼らは全部クリアしてくれました。

三度目に会ったときに、「全部用意しました。他に何かありますか？」と聞かれました。

こちらの条件はもうないわけです。

「ないですね」と笑いながら言ったところ、田中が、

「え、じゃあ、それって決まりってことですよね」と。

「たしかに、そういうことになりますね」と自分。

冷蔵庫からビールが運ばれてきて、

「よろしくお願いしまーす！」と乾杯しました。

その翌日、上司に退職を伝えました。上司は、まさか自分が辞めるとは思っていなかったので、すごくびっくりしていました。事業会社、ましてや数名のベンチャーに投資銀行の世界から行くなんて、ほとんどありません。

投資銀行業界の転職は、ゴールドマンサックスにいた人がメリルリンチに行くとか、あるいはプライベートエクイティやヘッジファンドに行くとか、ファイナンスの世界の中で完結するのが一般的です。

それだけに私の転職は極端な例外ケースで、在日代表に直接、慰留をしていただいたりしたものの、決心は固く、最後は「エニグモがうまくいけば、将来お客さんになるかもし

れないしな」と、快く送り出してもらいました。

リスクをとらないところにリターンはありません。僕の妻もリスクはとったと思います。家族がイエスと言わなければ僕はエニグモに来ていません。閃いたのは自分ですが、最終的に行ってもいいと了解してくれたのは妻です。彼女が嫌だ、家庭を守っていけませんということであれば、行けなかった。それに対する恩返しはしたいなと思います。

妻の父親も経営者です。自分の旦那が誰かに雇われてサラリーマンをやっているよりも、経営者として生きているほうが、何となくしっくりとはきているようです。

「ウェブ2・0」の中心に（田中）

「ユーチューブ、普及してんなあ」

二〇〇六年の五月。「この動画、面白いよ」と動画へのリンク記載のメールを、デザイナーの森からもらうことが増えていた。

大して興味がなくても、動画というだけで、なぜか思わず再生したくなる。動画パワー恐るべし、とそのとき感じた。

当時「グーグルに買収されるかも」と噂されていたユーチューブには、二〇〇六年十月の時点で一日に六万五〇〇〇本の動画が投稿されていた。一日に視聴される動画数は一億本にのぼり、半年間で倍以上のペースで伸びていた。その半年後、実際にユーチューブは一六億五〇〇〇万ドルでグーグルに買収される。

その後も伸びは衰えず、二〇〇七年末の段階では、一分間に七時間分の動画が投稿され、一日あたり数億回の動画が閲覧されるようになった。

ネットはこの頃から、急速に「動画の時代」に入りつつあった。

二〇〇六年夏当時、プレスブログを通じてクライアントから配信されるプレスリリースは、月に四〇件近くになっていた。

サービスが開始した直後は、映画会社やゲーム会社など、比較的新しいものに積極的なエンタテインメント系のクライアントが多かった。だが、数カ月が経過すると、当初は様子を見ていた大手のメーカーや広告規制の多い金融機関までもが、プレスブログを使ってプレスリリースを配信するようになっていった。

一度プレスブログを使った企業から、「新製品が出たのでまた出稿したい」といったリピートの受注も増えていた。

プレスブログが右肩上がりで利益を生み出し続け、「第二創業期」ともいえる大きな変化の真っ只中にあった。大型の資金調達も完了し、最初は四〇〇〇万円だった資本金は四億三二〇五万円に膨れ上がっていた。バイマはソニーの子会社で大手サイトを運営するソネットと提携し、会員数も月に一～二万人のペースで増え続けていた。

三月には青山のマンションオフィスを出て、渋谷の並木橋にあったビルの一フロアを借り切った。社員もそれまでの六人から一気に採用を進め、営業やカスタマーサポート、エンジニアなど、二十数名に増えていた。

その少し前からメディアを賑わしていた言葉が、「ウェブ2・0」である。

ウェブ2・0とは、アメリカのインターネットの研究者、ティム・オライリーが提唱した概念で、二〇〇四年頃から始まったネットの大きな質的変化を指す際によく使われた。

特性として「ユーザー参加型」「ロングテール」「リッチコンテンツ」「分散性」などが挙げられ、グーグルやウィキペディアなどのサービスが「ウェブ2・0」的なサービスの代表的なものとされた。そうした思想と新しい技術を取り入れたネットサービスが、アメリカを中心に世界中で次々に生まれていった。

そしてその時期のエニグモは、日本においてウェブ2・0を体現するサービスを提供するベンチャーの一つとして、注目を集めつつあった。

さまざまなメディアにバイマとプレスブログが取り上げられた。須田と僕がならんでインタビューされ、雑誌に露出することも多くなった。

ネット関係のセミナーなどで講演を頼まれるようにもなった。会場ではよく「いつも二人で出てますよね」と声をかけられた。あらためて「代表が二人というのはインパクトがある」と感じた。

同時期、バイマの立ち上げ時から我々を応援してくれて、『グーグル』などの著書で知られるジャーナリストの佐々木俊尚氏は、「時代の変化は（エニグモのオフィスのある）並木橋から起こっている」と書いてくれている。

広告業界全体において、コンシューマー・ジェネレイティッド・メディア（CGM・消費者が作るメディア）をいかにマーケティングに有効活用するかが話題となり、エニグモはその先頭を走る会社の一つとして見られていた。

しかしそうした会社の盛り上がりの一方で、僕は「早く次のサービスを出さないと」と思っていた。

我々のサービスを研究した上で、プレスブログの市場に参入してくる会社も増えていた。ネットビジネスの動きは非常に速い。プレスブログに新しいサービスや機能は追加していくとしても、次の一手を考えなければならない時期がきていた。

言語圏という壁（須田）

バイマ、プレスブログの二つの世界初のサービスを世に送り出し、「日本国内だけでこれを展開するのはもったいない」という話になった。

世界初なのだから、日本以外の国でも必ず受け入れてくれるはずだ。そもそもバイマは初めから世界規模でビジネスを展開している。プレスブログも世界展開を進めたいと考えるのは自然な流れだった。

インターネットのビジネスの規模、つまり商圏は、言語が規定している。

地球上でどれだけの人間がその言語を話しているか。

これに検索エンジンやメディアへの露出量などがかけあわさって、実際の商圏が決まっていく。だからどんなに検索エンジンの対策を行っても、広告出稿を行っても、そもそもの言語が規定する商圏の大きさ以上にはなりえない。

日本語サービスの商圏は、英語商圏、中国語商圏の二〇〜三〇パーセントの規模だ。この規模感の違いが、アメリカや中国で大型サービスが立ち上がっている理由であると考えた。

信頼できるIT関連のビジネスに詳しい識者からも、

「日本は、アメリカに比べて立ち上がっているウェブ2・0的なサービスが少ない」

「中国のネットサービスは、会員一〇〇万人がすぐ集まる」

「中国の着メロサービスで、赤字の会社はない」

といった声をよく聞いた。

特にCGM型のサービスは、参加するユーザーの量がサービスのクオリティに大きく関わってくるので、そもそもの商圏の大きさが重要となる。

エニグモは「世界初のモデルを生み出し世界展開する」というビジョンを、その頃から明確に持ち始めた。

個人的な想いとしては、「日本から世界に発信したい」という意識も、その裏にあったが、「世界初であれば、最初に日本から発信することにこだわらなくてもよいかもしれない」とも考えるようになった。

まず言語的に最も大きい英語のサービスを、立ち上がりやすいアメリカでローンチして、そこから世界展開するのがいちばん賢いやり方かもしれない。

日本版サービスの英語展開を進めながら、将来的には、そのようなやり方を導入するのもありだな、と感じていた。

アメリカ進出を探る（田中）

二〇〇六年五月、プレスブログをアメリカで展開するために、単独でアメリカ出張をしていた。

「プレスブログをアメリカでも立ち上げたい」

こう言い出したのは、アメリカ出張の前月、四月のことだ。

海外でも当時はまだ、プレスブログと同じサービスがないということで、「世界初のものを日本だけでやっているのはもったいない」と役員会で主張した。

エニグモの基本的な考え方は、世界初のサービスを生み出し、世界展開させていくというもの。できるだけ早いうちに海外の市場に出て行きたい。

アメリカでも、日本でプレスブログを立ち上げたときのようなスピード感で始めて、一気に展開していくつもりだった。役員会の同意を取り付け、ウェブマーケティングの本場であるアメリカで、現地の会社と組んでスタートすることにした。

だが現実には、何度か出張を繰り返しても、なかなか前に進まなかった。出張で来てできることは限られていた。

ビジネスでは普通、一回打ち合わせをして何かを決めたら、「では今度、いついつにまた打ち合わせしましょう」と進めていく。そうした仕事の進め方は日本だけではない。ところが何かを決めても、一カ月後に自分がアメリカにいないという状況では、進む話も進まなかった。

また、アメリカでのビジネスネットワークがほとんどないことも大きかった。日本であれば、システム会社にどんなところがあるか、どの広告会社がどんな分野に強いか、クライアントのどの部署に行けば仕事につながりそうかなど、だいたい想像がつく。学生時代の友人や先輩などの伝手《つて》をたどることもできる。

だが、アメリカではそう簡単にはいかない。困ったことや何かわからないことがあるたびに、

「いったいどこの誰に相談すれば解決できるんだ？」と途方にくれることが多々あった。

日本を発つ前は「今回の出張でここまで進めよう」と決めて渡米するが、実際にはそのとおりにはなかなか進まない。帰国しなければならない日がやって来て、致し方なく日本に戻るという歯がゆい出張を何度か繰り返した。

海外でビジネスを展開していくことについても、果たしてその時点がいいのかどうか、役員の間でも意見が分かれていた。

プレスブログが順調に伸びていたので、「そこにリソースを集中させるべきじゃないか」とか、僕がまだプレスブログに関わっていたので、「そこから外れてしまうのは大丈夫なのか」とか、いろいろな議論があった。

だが「タイミングが重要」と強く主張し、「そこまで言うのなら」と、他の役員たちも賛成してくれたという経緯があった。そんな状況で、「やる！」と意気込んでアメリカに行ったのに、進展が見えない焦りがあった。日本にいる役員たちは何も言わないが、プレッシャーを感じていた。

動画とCGMと広告の新サービス（田中）

エニグモの世界初第三弾サービス、『フィルモ』を思いついたのは、この苦しかったアメリカ出張の時期だ。

今後のCGMおよび口コミマーケティングは、確実に動画が重要になっていくと感じていた。

しかも、日本においてはほとんどのケータイ新機種に動画録画機能がついてくるようになっていた。つまり動画を撮影し、インターネットに投稿するインフラが整いつつあるということだった。

動画とCGMと広告。

プレスブログのときと同様に、頭の中でそれらをいろんな角度から組み合わせていく中で、自然に新サービスのビジネスモデルはできあがっていった。

簡単に言えば、消費者にCMを作ってもらえる時代が来た、と考えたのだ。

プレスブログでは消費者が「記事を書く」のに対して、新サービスでは「CMを作る」ということになる。

当時、一般の人が撮影した子どもやペットなどの面白い映像が動画サイトに投稿されて、ネット上の口コミでどんどん広がっていき、人気の動画は数百万回も再生されることも珍しくなかった。

そうした動向を見て、「ユーチューブをはじめとする動画共有サイトは、テレビに替わる媒体になる可能性を秘めている」と考えたのだ。

消費者にCMを作ってもらうことで、それまでのCMの考え方に、大きな質的変化を起こせるかもしれないという狙いもあった。

代理店のマーケティングの大きな仕事は、一言でいえば「広告で何を言うか」を見つけることだ。短い時間のCMの中で、消費者に訴求できるメッセージはとても少ない。企画段階では商品の魅力を伝えるさまざまな切り口のアイディアが出るが、最終的には伝えるメッセージを絞らないと、CMを作ることはできない。

だが、消費者が共感するメッセージはみんな一緒ではないだろうし、「面白い！」や「欲しい！」と思うつぼもいろいろあるはずだ。

消費者にお願いすれば、実際に一〇〇通りのCMを作ることもできるし、動画共有サイトを活用すればそれら一〇〇通りのCMを実際に世の中に出すことも可能になる。

一〇〇通りの考え方でCMを作ったら、どんなCMが生み出されるのか、想像するだけで面白い。

きっと広告主や代理店のプランナーが思いもつかないような斬新な切り口や、大胆すぎてテレビCMでは訴求できないような切り口のものが出てくるだろう。

そんな今までにない新しい切り口の、十人十色の実感溢れるコマーシャルが生まれれば、それだけでも話題になる。

テレビを見ていてCMのときはリモコンでチャンネルを変えてしまう人でも、自分の友だちや知人から「コマーシャルを作ったから見てみて」とメールが来れば、ほとんどの人が好奇心から見るにちがいない。

莫大な制作費と、ＣＭを流すための媒体費がなくとも、消費者の視点と発想によって制作される多種多様なコマーシャルが、個人のブログを通じて口コミで広がっていく。

そのことに関心を抱く企業は絶対にあるはずだ。

細かい部分などはまだ具体的に決めておらず、開発の予定すら立っていなかったが、新サービスも思いついてすぐに、「実現したい」と強く思った。

プレスブログの動画版と考えれば、基本的にそんなに難しいことではないし、現在のサービスの資産を活用できる。

だがそれがゆえに、やり方を間違えると小さくまとまってしまい、ただの「追加サービス」で終わってしまう危険性があった。

小さな「追加サービス」ではなく、コンセプトの設定や打ち出し方を間違わず、明確なビジョンを持ってやれば、新しい市場を作ることができる。

そのよい例が、「スターバックスコーヒー」だ。

明確なコンセプトとビジョンを持った「スターバックス」は、ハイエンドコーヒーという新しい市場を作った。もしも、既存のコーヒーショップチェーンなどが、メニューにカフェラテや高めのコーヒーを追加しただけでは、その市場は生まれなかったかもしれない。

このサービスもうまくやれば、スターバックスがコーヒーの世界に新しい価値観を提示したように、広告の世界に大きなインパクトを与えて新たな市場を作り出すことができるだろう。世界初の何かが誰かの手で生み出された後で、「俺もそういうの考えてたよ」と言っても何の意味もない。ビジネスモデルとして完成させる能力、それを実現させる実行力。そしてスピードが大切だ。

アメリカでの事業展開はひとまず置いて、この新サービスを一刻も早く立ち上げることにした。

スピード＆スモールスタート（田中）

日本に戻ってきて、すぐ企画書にビジネスモデルをまとめて、役員にプレゼンした。通常の役員会議で一通り議題が終わったあとに、「新しいサービスを思いついた」と切り出し、図を含めて一〇枚ぐらいにまとめた企画書を全員に配った。動画共有サイトを活用して展開できるプロモーションをタイプ別に整理し、その中でなぜこの仕組みが優れているかを説明した。もちろん収益モデルやサービスのフローも入れた。

「面白い。間違いなく時流に乗っている」

「すぐに始めたほうがいい」と、役員全員からの賛同を得て、急遽《きゅうきょ》始めることになった。質問がいくつか出たぐらいで、特に議論はなかった。

市場は待ってくれない。

「今ならまた『世界初』のビジネスとして世に送り出すことができそうだ」と感じていた。そのチャンスを逃さないようにスピーディに進めることが重要だ。そしてこのスピードを実現するために、とにかくスモールスタートで立ち上げる。また、立ち上げコストなどのリスク管理という意味でも、スモールスタートを意識していた。

コンセプトの正しさとビジネスとしての可能性を確認できる規模でまず立ち上げ、「行ける！」と思えた時点から一気にリソースを投入・投資していくというスタンスをとった。このときもテーマは、「スピード」と「スモールスタート」であった。

新サービスも、立ち上げられれば世界初になる。先行者メリットも築ける。それはプレスブログをやっているエニグモのブランディングの強化にもなるだろう。

今回のサービス立ち上げから、自分はビジネスモデルの構築をメインとし、現場のディレクションは社員に任せる体制を作った。

広告制作会社でウェブサイトの構築を手がけていた中途採用の有田を、プロデューサーに抜《ばっ》擢《てき》した。有田は「エンドユーザーに向けて新しいウェブサービスを提供したい」と三カ月前に入社したばかりだった。デザイナーの森と、「すごく興味があります。ぜひやらせてください」と言ってきた営業マネージャーの岡崎にも加わってもらい、四人のチームを作った。

その間、自分は海外事業と半々の割合で、新サービスの立ち上げに携わることに決めた。それまでのバイマ、プレスブログともに役員が中心となってサービスを構築してきた。役員が直接現場を見ずに、社員が中心となって新サービスを立ち上げるのは、エニグモにとっても初めてである。

プロジェクトが始動してすぐに有田の業務は多忙を極めた。サイト設計、プロジェクト全体のスケジュール管理、外部の協力会社との交渉など、実務をほぼ有田が取り仕切り、僕が要所要所でチェックをしていった。

サービス名は数ある候補の中から『filmo（フィルモ）』と名づけた。役員会で出した企画書のタイトルとして仮に入れた名前である。その後、四人で何日もかけていろいろなネーミングを検討したが、結局「filmo（フィルモ）」に戻った。

動画をイメージさせる「フィルム」の語尾を変化させた造語であり、「エニグモ」という社名を決めたときと同じ手法と言える。

サービスの名前をどうするかは非常に大切だ。覚えやすくて、チャーミングで、何となくサービスのイメージがつかめる名前にしなければ、なかなか世の中に広がっていかない。会議室のホワイトボードにシステムの概要を描き出し、詳細をつめていった。ミーティングはよく深夜まで及んだ。

僕が出張でいなくなる前に、ほとんどの枠組みを決め込み、すぐにサイト制作に入れるくらいのところまで持っていった。

フィルモチームの合言葉は「時間がない!」だった。動画を絡めたサービスを始める会社が増え始め、常にチームのみんなで「やばい!」と焦っていた。世界初がかかっていた。どうやって時間を前倒しにするかが最優先だった。本当は年内に出したかったが、リリースは二〇〇七年の一月になった。サイト制作もプレスブログと同じで、必要最低限の機能しかつけず、コンセプトを伝えることを優先した。

他の企業に先を越されないうちに、一日でも早くフィルモを世に送り出したかった。会社のメンバーにフィルモを公にしたのは、年が明けてからだ。

チームのメンバーには「他の社員にも詳しいことは言うな」と伝えていた。別に秘密にしていたわけではないが、新サービスのことが社内で広まると、参加したがる人も増える。だが、基本的にはプレスブログと同様に少人数で一気に作ると決めていた。

プレスブログを速いスピードで立ち上げられたのは自分と安藤だけだったからという考えもあり、フィルモも少人数で、横槍が入らない状況で、一気にがーっと進めたかったのだ。

フィルモ、リリース(田中)

『エニグモ、ブログ開設者にCM制作依頼』

商品売買仲介サイト運営のエニグモは、法人向けにインターネットで動画CMを流すサービスを二月から始める。ブログを開設する個人などに動画の制作を依頼し、自身のブログなどに掲載してもらう。初年度二億円の売り上げを目指す。

サービス名は「filmo（フィルモ）」。ブログ開設者はサイトで会員登録すると、広告商品や顧客層についての制作指示書を受け取る。指示書に基づいた動画CMを携帯電話やデジタルカメラで制作し、掲載する。

エニグモはCMが指示通り作られているか審査し、通過すると制作者は二千円程度の制作費を受け取ることができる。企業側の費用は依頼一件につき四百万円程度。

（『日本経済新聞』朝刊、二〇〇七年一月二十四日）

二〇〇七年一月二十三日、エニグモの第三弾ビジネス、フィルモが無事リリースされた。翌日、さっそく日経新聞の朝刊に掲載された。

掲載の段階では、システムはまだ完成していなかった。二月になってシステムが完成して、グランドオープンするという流れにした。初期のプレスブログ同様、サイトの機能は会員登録のみであった。とにかく我々が考えているビジネスモデルとコンセプトを、いち早く世の中に出したかった。

ビジネスには絶対の正解がない。とことん考えたり、徹底的に検討したりしてうまく行く確率が九〇パーセントのほうを選ぶか、うまく行く確率が六〇パーセントだとしても、スピードを優先するか、ケースバイケースだ。

スピード優先のときに、「どっちのほうがいいんだろう」などとサービスの細かいところも考え始めると、きりがない。

僕がいないと進まないとか、物事が決められないといった状態では、どんどんサービス開始が遅れてしまう。社員に完全に任せるというのはエニグモとしても初めてだったが、結果的に非常にサービスのできもよかった。

仕事を全面的に任せることで社員のモチベーションは高まるし、スピードも上がる。

「これからはそういう方向に持っていかないと会社として成長しないな」と感じた。


グランドオープンと同時に制作案件が必要となる。グランドオープンしたのに案件がないというわけにはいかない。しかも第一号案件は、サービスの方向性やブランディングに影響しかねない重要な要素となる。どんな企業、どんな商品、どんな企画がfilmoに向いているか、チームで何度も話し合いながら、営業と兼務の岡崎が理想的なスポンサーをリスト化して営業活動を始めていった。そしてグランドオープンに間に合うタイミングで、見事に第一号案件が決定した。

二〇〇七年二月十四日。いよいよフィルモの本オープンに合わせて、最初のクライアントである「ドミノピザ」の「クリエイティブブリーフ」を登録ユーザーに送った。クリエイティブブリーフとは、代理店がコマーシャルを作るときに制作する、CMの目的や訴求したいメッセージ、ターゲット層などの要素を記載した「制作依頼書」のことである。

「必ず実際にドミノピザを食しているシーンを盛り込み」「売り上げアップ、ブランドイメージ向上につながる」「見た人が『ドミノピザが食べたい！』と感じてもらえるようなコマーシャルを作る」といった条件を記載した。

クリエイティブブリーフに沿って制作された作品には一律で四〇〇〇円の謝礼を払い、金賞作品には、賞金一〇万円を払うことにした。

ブログに書くよりも、映像を制作するほうがずっとハードルは高い。

リリースの告知と前後して、映像制作が学べる専門学校や、クリエイター層が読む雑誌などにフィルモの会員募集のプロモーションをしかけていった。

「世界でいちばん新しいコマーシャルの形がここに」（須田）

フィルモの最初のコマーシャルである、ドミノピザの申請最終日がやってきた。

初めてのフィルモの案件だけに、作品が集まってくるか心配していたが、締め切り間際の時間になって、バタバタと作品があがってきた。

それを見て、広告代理店時代の、プレゼン前日の追い込みがものすごかったのを思い出した。当時は、営業や制作チームはほとんど完徹で明朝のプレゼンに臨む。人によっては三日寝てない人もいた。

私の所属するマーケティングチームは、だいたいいつも前日の夜中の三時くらいでほぼ仕上がるのだが、よせばいいのに、なぜか前祝いと称して、飲みに行ってしまう。しかも、プレゼン前日なのに、なぜかやり遂げた感があり、ついつい盛り上がってしまう。

ということで、現地集合すると、明らかに調子悪そうな人とか、大事な資料を寝ぼけて忘れてくる人などが続出する。

それでもプレゼンが始まればバッチリ決めるところがすごい。資料をすべて忘れてしまったという、伝説の「手ぶらプレゼン」も目の当たりにしたことがある。さすがにどうかと思うが、まったく動じない姿勢はすごいと思った。

話はだいぶそれてしまったが、言いたかったことは、この手のゴールのないクリエイティブ作業は、どこまでいっても上を目指してしまい、結局、締め切り直前までもつれ込むことが多いということ。

フィルモも、終盤間際になって結構あがってきた様子だった。

興味津々で社員たちとともに作品を見てみる。

ずっと爆笑していた。ある意味でプロ以上に面白い作品がたくさん寄せられた。

青年が自室でラップを歌いながらピザを食べている作品や、ホラー映画風のもの（ピザの箱の蓋を開けると人の顔が出てくる）、街中でピザの歌を歌っているもの、赤ちゃんがいる家族のホームドラマ風のもの……、じつにいろいろな作品があった。

最終的には、一〇〇本以上の動画コマーシャルが作られ、フィルモに投稿された。

今なおユーチューブで「ドミノピザ」というキーワードで検索すると、いくつか見られる。


締め切りから二週間後の金曜の夜に、フィルモの審査会に参加した。

第一号案件を記念して、審査会を開催したのである。審査の会場は渋谷の『バーチューブ』という飲みながら動画投稿ができるバーだ。

『YouTube革命』の著者・神田敏晶さんがプロデュースした店で、その名のとおり、ユーチューブをはじめとするネットの動画をコンセプトにしている。

審査は、神田さんを中心に、そこに飲みにきていた一般のお客さんにも加わってもらって見ていただいた。

会場のスクリーンにCMが流れるたびに、大きな笑い声が起きた。

神田さんもめちゃめちゃテンションが高く、ノンストップでコメントをしてくれて、場を盛り上げてくれた。

その場にいたみんなが損得抜きで協力してくれ、「すごい面白いよ。また続けて」と応援してくれた。

後日、博報堂で活躍するCMプランナーの河野良武さんにも審査してもらった。河野さんは海外の広告賞の審査員も務める広告のプロだ。その河野さんには、「世界でいちばん新しいコマーシャルの形がここにある」と言っていただいた。これまでの広告の「文法」から離れているのに、それでいてなおきちんとコマーシャルとして機能していることに驚かれていた。

寄せられた作品を見ていると、そのほとんどが自宅や会社の中で、仲間たちと一緒に楽しみながら撮影をしているものだった。普通の人の生活の中でコマーシャルを撮影することが、これまでのCMにはない自然なシズル感を生み出していた。

実際、寄せられたコマーシャルを見ていると、よく「ピザが食べたくなったな」と話が出た。ドミノピザの案件を扱っていた期間、エニグモ社内だけで十数回はピザが注文された。


新しいことや面白いことをやると、面白い方々や熱い方々に出会えるものである。

これは、バイマを始めた頃から強烈に感じていることだ。

大手企業を辞めてチャレンジする姿勢に共感してくれる方、単純に新しいことや面白いことに興味のある方、自分ではできなかったので応援してくれる方、いろいろなスタンスがあるが、みんなワクワクして話を聞いてくれる。

新しいことをやることは大変で、市場を作りあげることは生半可《なまはんか》なことではないが、一方で、新しい出会いがあり、応援や励ましがあり、喜びがある。それこそが、新しいことをやる醍醐味だと思っている。

エニグモの「オリジナルのサービスを生み出し、新しい市場を作っていく」という方針に間違いはないと確信した夜だった。

世間より一歩分早かった（田中）

フィルモはサービスを開始してすぐにパブリシティがたくさん出た。

テレビ東京の「ワールドビジネスサテライト」にも取り上げられ、営業兼務の岡崎がサービスの仕組みを説明した。

サービスとして面白いし、広告やマーケティングの仕事をしている人には市場がそっちに向かっているというのが明確にわかっていたので、非常に評価してもらった。

ただ、パブリシティはすぐにいろいろ出たものの、思っていたほどすぐの受注の勢いにはならなかった。

ユーザーにコマーシャルを作ってもらう。それが動画共有サイトにあがり、ブログなどの口コミで広がってどんどん再生される。それが広告効果につながる。この一連の流れが、なかなかクライアントにとってイメージするのが難しいのと、そこまでユーザーに委ねるというのが若干抵抗があったようだ。

クライアントも興味は示してくれるものの、実施に至らないケースが多く、立ち上げ期はサービスを開発運営するフィルモチームが自ら受注してきた案件が多かった。

プレスブログよりもフィルモのほうが、若干「市場の読み」が早過ぎた。

マーケティングに限らず、ヒットする商品は「世間よりも半歩早いくらいがいい」とよく言う。フィルモは半歩ではなく一歩ぐらい早かった気がする。

いろいろと試行錯誤を続けていったが、始まって半年後くらいにようやく市場が追いつき、フィルモの案件が伸び始め、順調に受注が続いていった。サービスと需要が合致するまでに、プレスブログより時間がかかったという印象だ。

バイマのときもそうだったが、必ず何か新しいことをするたびに、「勝負だ」という意識が強い。ビジネスには常にリスクがある。毎回、それは変わらない。

初めての卒業式（田中）

フィルモに関して、たった一つだけ、残念なことがあった。

一緒に立ち上げたチームの営業、岡崎がしばらくして会社を辞めたのだ。エニグモ初の、正社員の退職者だった。

もともと「いつか起業したい。その勉強がエニグモならできそうなので」という理由で、銀行から転職でエニグモに入社してくれた。

営業マネージャーの業務をやりながら、フィルモの立ち上げを知って、「ぜひやらせてください！」と強く希望してきた。営業マネージャーだったので仕事の量も多いし、チームに入れるかかなり悩んだが、本人の意思が強く、チームの一員になってもらった。

フィルモが無事に立ち上がり、ほっと一息ついた頃のある日、彼から「じつは……」と切り出された。

間近でベンチャーの経営を見ていて、早く自分でやりたいという思いが募っていったらしい。

後日、全社員で、岡崎のために「卒業式」を開いた。「岡崎さんのために卒業式をしたいです」と社員から言ってきたのである。

近所の店を借りきって、ピアノが得意な女性社員が「ほたるの光」を演奏し、色紙を渡した。三〇歳を過ぎてあんなに泣けるとはと、びっくりするくらい涙が出た。エニグモを設立して以来、涙もろくなった気がする。

自分たちの会社で起こったことは、すべて自分のこととして受け止めるようになった。

「感情の振れ幅が前より比較にならないくらい大きくなった」と他の役員もよく言う。

僕たちも自分たちの力で何かを起こしたくて、起業した。だから岡崎のことは引き止めなかった。

これからも結婚や独立で、エニグモを辞める社員は出てくるだろう。それは仕方がない。

ただ、エニグモに入ってよかったと、全員思って卒業していってほしいと思う。

そういう会社であり続けることが、経営者としての自分の使命だと思っている。

第7章

世界へ

「ウェブ2・0ビジネス大賞」と韓国でのスタート（須田）

田中がフィルモの立ち上げに向かって奔走していた二〇〇六年十一月。

ＩＴ系シンクタンクの草分けであるＥＣ研究会が主催する、第一回ウェブ2・0ビジネス大賞に、エニグモが選ばれた。

◆第1回『ウェブ2・0ビジネス大賞』大賞　『バイマ（BuyMa）』と『プレスブログ』

株式会社エニグモ　代表取締役　共同最高経営責任者　須田将啓殿。

代表取締役　共同最高経営責任者　田中禎人殿。

受賞理由

御社が運営するバイイング・マーケット『バイマ（BuyMa）』は世界中の個人と商品を対象にした、ショッピング・コミュニティーの実現を構想。その具現化・具体化に日夜、邁進されています。また、御社が運営するブログ記事型のクチコミ誘発メディア『プレスブログ』は、数十万人のブロガーをネットワーク化することでマス広告効果を超えるウェブ2・0型のクチコミ広告サービスを提供。いずれも堅実な歩みを刻んでいます。

自薦・他薦合わせて、活躍する四三社のＩＴベンチャー企業の中から選ばれたとあり、喜びもひとしおだった。

後日、大手町の三菱総研本社で、記者発表会と授賞式が行われた。

「このような権威のある賞をいただいて、たいへん光栄です」と、まず僕が挨拶。続いての田中の挨拶では、「今度は新しいビジネスで、ウェブ３・０ビジネス大賞を狙いたいです」と語って、会場を笑わせた。


同時期に、韓国でもプレスブログがスタートした。

韓国のメディア系企業、コジェコ社に、プレスブログのブランドと、営業・運営・プロモーションのノウハウを提供し、国を超えてフランチャイズ展開を始めたのである。

コジェコ社は、バイマで提携していた金社長がプレスブログ用に設立した会社だ。

プレスブログが日本で売上が伸びだしていた頃に、必ず海外にも需要があると考え、まずはすでに関係があり、市場性もある韓国から開始しようと金社長に持ちかけたのが始まりだ。

韓国は日本より数年早く、国内のブロードバンド環境の整備が終わっていた。そのため、オンラインゲームをはじめとするさまざまなネットサービスが一般層に広がるのも早く、日本の人口の半分以下であるにもかかわらず、ブロガーの数は当時の日本を上回っていた。広告費におけるネット広告の割合も日本以上で、プレスブログにとっては非常に魅力的な環境だったのだ。

フランチャイズ展開を採用したのは、金銭的なリスクがない点と、韓国での売上と連動してコミッションが入るため、エニグモとコジェコ社でウィン・ウィンの関係を築けるからだ。予想したとおり、韓国版プレスブログのサイトが立ち上がると、すぐに毎日一〇〇〇人以上の韓国人ブロガーが会員登録を始めた。

二〇〇六年十二月には、クライアントの開拓のために、営業の岡崎をつれて韓国に出張した。コジェコ社はメディア系の会社で、広告業界には不慣れであったため、エニグモが主導で、韓国の広告代理店やレップ（メディアの仲介会社）にアポを取り、売り込みに行ったのである。といっても我々もまったく韓国にコネクションがないため、博報堂の知人から韓国のビジネスに詳しいすご腕の人をご紹介いただき、四社とアポイントを取った。

どれもかなり大手の会社で、しかも、すべてCEOに出席してもらえた。通訳を介してのプレゼンは非常に難しかったが、四回のプレゼンを通じて、韓国での運営会社であるコジェコ社にも、営業ノウハウの移転ができた。

韓国のネットユーザーの特性やネット広告の状況などもだいぶ把握できた。日本とまったく同じとはいかないが、確実にポテンシャルはあることがわかった。

現在、韓国版プレスブログにも多数のクライアントがつき、好調を続けている（ただ、ハングルなのでサイトを見ても何が書いてあるのかさっぱりわからないのだが）。

このときの韓国出張は、二十三時に韓国に到着し、そのまま朝三時までホテルの部屋で、事前ミーティングを行い、翌日は朝から二十四時まで予定がぎっしり、分刻みのスケジュールが続く過酷なものだった。

超ハードな日程だったが、コジェコ社の役員二名とプレゼンで駆けずりまわっている姿が、自分たちの創業期を思い起こして、懐かしくもあり、エキサイティングな気持ちにもなった。

田中と二人で「世の中変えるぜ！」と言ってビルに乗り込んでいった日々のことを思い出しながら、深夜、雪の降るソウルを、タクシーでホテルまで戻った。

創業メンバーの四人で、見よう見まねで定款《ていかん》を作成し、会社の近くの法務事務所に持ち込んで登記してから丸二年。

二〇〇六年は、エニグモにとって本当に急拡大の一年だった。

その一年前は六人だった会社が、年末には二四人となり、ブログチェックをお願いするバイトや派遣の方を含めると三〇人以上の大所帯となった。

オフィスは南青山のマンションの一室から、渋谷のビルに移転して、一年足らずですでに手狭の状況になっていた。手掛けているサービスは、前年同時期から数倍〜一〇倍の規模で成長した。

多くのメディアにも取り上げてもらい、ウェブ2・0ビジネス大賞を受賞した。

まさに第二創業期ともいえる時期を迎えていた。

人が増えるにつれて、社内の環境もどんどん変わっていった。

急拡大の中で、社内のカルチャーが薄れていくのを恐れていたが、入社する人は、本当に全員いいメンバーだった。夏に募集したインターンの学生やアルバイトの方も、よい人ばかりだった。

社員がどれだけ増えても、「いい意味での遊び感覚を大切にしよう」というエニグモのカルチャーは変わらない。

エニグモは「売上が上がればいい」とか、「儲かればいい」ということは、今も昔もぜんぜん考えていない。

単純に儲かればいいと思っている会社というのはたくさんある。その逆に、大学のラボみたいな感じで、楽しくやってればいいという会社もあると思う。

エニグモはその両方がある会社でありたい。ちゃんと楽しくみんな働いているんだけれど、きちんと稼いでいるというのが格好いいし、そういう会社を目指したい。

こんなエピソードがある。この年の年末には、エニグモ初の社員旅行を行った。

それもただの社員旅行ではない。スポンサーをつけることにしたのだ。

営業チームが協賛金を出してくれる会社を見つけてきて、なおかつ予算を達成したら、会社が足りない分を出してあげるから、みんなで沖縄に行こう、という企画を立てた。

結果、実質的に持ち出しゼロで、沖縄に全社をあげて社員旅行に行くことができた。

携帯電話のキャリアがスポンサーになってくれたのだ。

沖縄に着いたら、そのスポンサー企業の携帯電話を使って、旅行の模様をブログで更新する。それをプレスブログで配信して、ユーザーに感想を書いてもらうという企画だった。

後日、日経新聞本紙のベンチャー欄で、「社員旅行ベンチャー流」という記事にもしてもらった。何でも企画にして楽しむエニグモ流が、仕事にも結びついた好例である。

社内DJ＆部活動（田中）

こうした「エニグモらしさ」は、ほかにもある。

たとえば、業務中、BGMを流している会社はけっこうあると思うが、エニグモの場合は、「社内DJ担当制」を作った。社員が日替わりでお気に入りの音楽を流すのだ。

しかしそれだけでは面白くない。

誰がその日の担当かわかるように、目印を作ろうということになった。

クリエイティブチームが担当し、アイディアを練った。

その答えが、担当の頭上に風船をあげるというもの。

かわいいし、楽しげだし、すごくいい。こういうことをどんどん増やすべきだ。

毎朝、出社するたびに、オフィスがなんだか「めでたい」気分になる。

仕事をする上で「気分」はとても大事だと考えている。「いつもと違う気分」とか「楽しい気分」とかになれる工夫を、どんどんとり入れていくべきだと思う。

エニグモでは、ちょっとした飲み会や何かでも、すぐに「○○会」や「○○プロジェクト」など、名前をつけて企画にしてしまうという文化がある。

これまでの例を一部挙げると、

「ＥＣＤＣ（エニグモ珍道中。社員旅行のこと）」

「ＥＭＪＰ（エニグモ・もんじゃ・パーティー。みんなでもんじゃ焼きを食べに行くこと。須田が主宰している、エニグモ・マージャン・プログラムとＥＭＪＰの略称を競い合っている）」

「ＥＢＰ（エニグモ・ビール・プログラム。社内の冷蔵庫にビールを冷やしておく。五時半解禁）」

などだ。そんななか、ある日、営業マネージャーの岡崎とデザイナーの森と飲んでいて、

「写真部を作ろう！」

と盛り上がった。弊社初の「部活動」だ。社員の頑張る姿や会社が成長していく姿を写真として残していくべきだ、写真の技術にはこだわらない、使い捨てでもいい、「感動を記録しよう」と高い志《こころざし》を持った部が誕生した。

なぜ、「部」かというと、ちゃんと部活動をするからだ。しかも業務時間内も許される。

高い志と、強い結束と、鋭い感性を持ったこの「プロ集団」は、間違いなく全社員のあこがれの存在になる！（多分）、と盛り上がった。

「部活ならやっぱりジャージだろ」というわけで、写真部のロゴを作り、その刺繍入りのオリジナルのジャージを作った。一着一万円以上した（ちなみに自腹）。

五人で発足し、半年後に入部試験を行い、現在は七人いる。

法の精神（須田）

会社を始めて、自分の担当する業務領域が非常に増えた。広告代理店に勤めていた頃は、マーケティングや企画のことだけを考えていればよかったのだが、今では、総務も法務も人事も全部やる。

そんな中で法律に接する機会が非常に増えた。そこで、大きく学んだことに「法の精神」という概念がある。法には、それを作った背景があり、法を通して、実現したい社会や規範、道徳観などが存在する。それらをひっくるめて、要は、その法律が意図したことを「法の精神」と呼ぶようだ（教わったわけではないので独自の解釈ですが）。

法律に違反しなければ問題ないという考え方もあるが、法律の抜け道を見つけて、かいくぐったとしても、「法の精神」に反していると、最終的には、なんらかの法律でペナルティが課せられたり、法改正が行われたりする。それで検挙された会社をたくさん知っている。

しかし、そんなことよりも重要なのは、そういう逸脱した行為は、最終的に世間の理解を得られないということだ。

ベンチャーにとっては、大手企業では手が出せない「法の抜け道」に多くのビジネスチャンスが眠っていることも事実である。

ときにそういう誘惑を受けることもあるが、しっかりと「法の精神」を読み解かないと、最終的に大きなことはできないと思う。

フェアなサービスを心がけないと、本当の意味でよい会社を作ることはできないと心から思うようになった。

フェアであることの重要性は、サービスや商品をいくらで提供するかという価格についても言える。

ネットの世界はグーグルが始めた価格破壊戦略の影響で、サービスを無料で受けられることが多くなっている。だが、これも行き過ぎれば問題を起こすと考えている。

価格破壊はありがたいことが多いが、一方で、その裏を読み解かないと手痛いしっぺ返しもありうる。大問題になった耐震強度偽装問題もその一つのような気がした。

説明のつかない低価格には、どこかに歪みがあり、いつか破綻が生じ、長い目で見ると消費者が被害をこうむることになる。

ビジネスの世界でも、外部の会社に仕事を依頼するときに、限度を超した値下げを強要すると、先方のモチベーションの低下や態勢の手抜きなどで、アウトプットのクオリティが下がり、結局コストパフォーマンスが悪くなることはよくある。

商品やサービスのジャンルにもよるが、それなりのものにはそれなりの対価を払うべきで、やっぱりフェアバリューがある。

「力なき正義は無力」くらいの思いで（田中）

最近はあまり口にしないようにしているが、「世の中をよりよいところにしたい」。これが起業の理由であり自分の人生の目標でもある。

「力なき正義は無力」とまでは言わないが、資本力や企業規模の影響力を持つことによって大きい結果が出しやすくなる。

「金儲けは悪い」という風潮が最近出てきているが、個人的には金儲けは悪いとは思わない。重要なのは何のために金儲けをするかだ。自己の贅沢や幸福感のためだけに金儲けするのか。それとも社会のためになるような金儲けをするのか。

なんでもそうだが、リソースが分散していては、力を発揮できない。お金もそうだ。一定水準以上のお金を持っていても、それを社会に還元しようと思う人、またはできる人は少ない。

であれば、社会に貢献する人にお金を集めるべきだ。

考え方としては募金に近いかもしれない。ただし、「募金」ではなかなかお金は集まらない。だから、製品やサービスを買ってもらうことによってお金を集める。何かを提供して、その対価としてお金を出してもらう。

海外ではそうして「お金を集めた人」は、社会に還元する傾向が強い。ビル・ゲイツのような実業家もそうだし、映画俳優やスポーツ選手も大金を寄付したり、チャリティ活動に積極的に参加する人が多い。日本も早くそうなってほしいと思う。


エニグモでも、サービスを通じて世の中をよりよいところにしたいと考えている。そのためにはまずはビジネスを大きくすること、と思っていたが、今できることからまず始めることにした。

エニグモの提供しているプロモーションサービス、プレスブログをNPO団体などに無料で提供するというものだ。

小さいように聞こえるかもしれないが、これが意外に意味があるのである。

NPO団体や企業CSR（Corporate Social Responsibility、企業の社会的責任）は、活動自体も重要だが、その活動を社会に伝えることによって、そのような課題や問題が存在することを認識してもらう、意識してもらうことも負けず劣らず重要なのである。

しかも、じつは活動自体よりも、そのPR活動のほうが費用がかかったりしているのが現状なのだ。変な話だが、「こういう問題があって取り組みをしています」という告知のほうが実際の活動よりコストがかかっていたりすることが少なくないらしい。

そのPR活動のお手伝いをさせていただき、社会にいろいろな課題を認知・意識してもらうことができるだけでなく、PR活動にかかる予算を実際の活動に回してもらうことにもつながるかもしれないのである。

初プロジェクトは、「Prize 4 Life」という米国マサチューセッツにあるALS（筋萎縮性側索硬化症）という病気の研究を支援するNPO団体となった。CFOの松田の後輩がMBAの同級生らと立ち上げた団体である。

「ALS」とは、運動の神経細胞が障害されることで感覚や自律神経はそのままに、身体の自由が利かなくなり、最終的に死に至る病気である。感覚や自律神経は機能しているのに、身体の自由が利かなくなる。想像するだけでも辛すぎる。

医療が発達・進歩したとはいえ、世の中には難病がまだまだ多く存在するのが現状。

だが残念なことに自分の身の回りで起こって初めて知る。

エニグモも一企業としてできることをしようと思っている。

三周年記念（須田）

二〇〇七年二月九日、四人の新人の歓迎会を、なじみの渋谷のカフェで行った。この日は、記念すべきエニグモの誕生日の前日でもあった。そこであわせて、エニグモ設立三周年記念パーティーが開催された。

そんな思い出深い日に、新人四人の歓迎会をするということで、初めからいつも以上に盛り上がる予感がしていた。

四人を歓迎するために、できたばかりのエニグモ写真部が、素敵な社員紹介フィルムを作成してくれた。みんなで持ち寄った過去の思い出の写真を、音楽に合わせて構成したものだ。子どもの頃や学生時代など、エニグモ入社前のみんなの姿を見ることができて、非常に温かい気持ちになり、ジーンときた。

だいぶお酒も入り、夜の十二時を回ったところで、突然、会場の電気が消えた。

「役員の皆さんにプレゼントがあります」

管理本部を中心として、サプライズプレゼントを仕込んでくれていた。

設立記念日の前に、三周年記念のお祝いを社員が役員に内緒で企画してくれていたのだ。今までの会社の歴史をムービーにしてくれて、それを見ているうちに涙腺が緩んできてしまった。

社員全員からエニグモへの感謝の気持ちを込めて、役員五人に寄せ書きと記念品を用意してくれた。色紙に書かれた社員の寄せ書きのコメントには、

「エニグモに入れてくれたことを感謝します」

「本当に入れてよかった、毎日会社に来るのが楽しいです」

といった感謝の言葉が記されてあった。

社員の中には熱心にリクルートしてスカウトしてきた人もいるし、いろんな会社を選んでいる中で「本当に来てほしい」となかば強引なぐらいの勢いでつれてきた人もいる。

大手の会社にいたらぜんぜん違った年収のレベルにあった人や、安定した生活が待っていた人がエニグモに飛び込んできてくれて、「本当によかったのかな」と思うことも正直あった。

奥さんもいたりするだろうなとか、親としては大きい会社にいたほうが安心するんだろうなとか、ふとしたときに思うこともよくあった。そんな人たちが、エニグモを信じて、人生の一部を僕たちに預けてくれている。

そして、すごく楽しそうに笑顔で働いてくれている。そう思うと、目頭が熱くなってきた。

「立ち上がったばかりの小さい会社で、不安に思いながら入社した人もいると思う。まだいろいろな面で整っていないため、迷惑をかけたことや不満に思ったこと、無理をして頑張ってもらったこともあったと思う。でも、一緒についてきてくれて、そして、こんなカタチで、感謝の気持ちを伝えてくれて、本当に嬉しい。ありがとう。エニグモを作ってよかった。今後ます

ます会社は大きくなり、人も増えていきますが、いつまでもこの気持ちを忘れないようにしたい。本当にありがとう！」

記念のボールペンには、「Enigmo 3age」（文法的には間違ってるのが面白い）と刻印されていた。

楽しい宴《うたげ》は朝まで続いた。が、楽しすぎたため、飲みすぎてしまい、一次会の最後のあたりから不覚にも記憶が飛んでしまった。

二〇〇六年は、よい仲間と出会えたということが最も大きな成果だった。

責任感と思いやりを持って仕事に取り組んでいて、自分の仕事はきっちりこなし、まわりを手伝う優しさを持っている。みんなきちんと自分の意見を主張しつつも、他の人の主張も尊重できる。

そんな環境だからこそ、それぞれが自分の考えを自由に表現でき、自発的によいアイディアやよいアウトプットが生み出せている。みんな自分らしさを発揮してくれて、それが面白い。

ちょっとホメすぎという話もあるが、私自身が見習わないと、と思うことも多々あった。

このメンバーでうまくいかなくて、他のどの会社がうまくいくのだろうと、本気で思う。

世界初第四弾　ローミオ（須田）

エニグモ、米に進出――ネット動画で口コミ販促
マーケティング支援のエニグモ（東京・渋谷、須田将啓・田中禎人共同社長）は九月下旬、インターネットを通じた口コミ効果を生かす販促支援サービスで米国市場に進出する。

　消費者の作るブログ（日記風の簡易型ホームページ）などで、契約先企業の製品やサービスについての動画を広め普及につなげる。日本で用いた手法を持ち込んで成長の見込める米国市場を開拓する。

　近く開設する英語版サイト「ｒｏｌｌｍｉｏ（ローミオ）」を窓口にして、企業などからの利用を募る。同時に、動画を作る「クリエーター」と動画を流行させる「プロモーター」の二種類の会員を、計五万―一〇万人程度募集。動画作成や流行づくりの働きに応じて報酬を支払う。

（『日本経済新聞』朝刊、二〇〇七年八月二十九日）


田中のアメリカ出張がついに実を結んだ。

フィルモとプレスブログを組み合わせた新サービス、ローミオ（rollmio）がアメリカで立ち

上がったのだ。

少し前に米国でもプレスブログと同様な広告サービスが出てきていたが、フィルモは米国市場でも新しいサービスとなる。そのフィルモにプレスブログ的なプロモーションの仕組みを合わせたのである。


日経本紙に掲載されたローミオの記事の反響は、かなり大きかった。

これだけ華々しく、日本の一ベンチャーが欧米に打って出たということが、日本のビジネス界においてもけっこう衝撃的だったようだ。

ローミオのオープンは九月末を予定していたが、新聞に出てすぐに問い合わせがいろんなところから何件も入り始めた。こちらとしては九月末のグランドオープンのリリース時点でメディアには取り上げてもらいたかったが、リリースを待たずに出してくれたのは、それだけニュースバリューがあると記者の人に思ってもらえたからだろう。

サービスが完全に整っていなくても載せてくれた理由は、エニグモが今までやってきたことが認められた、ということもあったかもしれない。

「エニグモがまたやってくれたぞ」と思ってくれたのなら嬉しい。それは会社として、認められたということだからだ。

ずっと世界展開したいと思っていた。

バイマも商品の大部分は海外からの出品だし、プレスブログもフランチャイズで韓国に進出した。

それぞれ世界進出を掲げてサービスを展開してきてはいたが、ローミオは今までとは意味が違う。エニグモが事業投資のリスクを負って、本格的な英語のサービスを立ち上げ、最初から外国の人たちを相手に、いちばん広い言語圏を対象に打って出たのだ。

本格的な世界展開の第一歩であることを考えると、すごく感慨深かった。

だが日経に掲載されたとはいえ、その時点でまだサービス自体は始まっていないし、サイトもオープンしていない。

そこで社員を集めて、普通サイズのビールではなく、ミニビールを配り、小さく乾杯することにした。

「ローミオは、みんなが日々頑張って営業し稼いだお金と、新しいサービスを苦労しながら運営した実績があって初めて可能になった、みんなが作ったサービスです」と一言話した。

新しいサービスを立ち上げることも大変だが、それを市場として確立するための運用や営業は並大抵ではない。エニグモが新しいサービスを生み出して、成功させてきたのは、それを現場で盛り立ててきた社員の功績があってこそだと思う。今まできちんと伝えたことがなかったので、よい機会だと思い挨拶させてもらったのだ。

ローミオの記事の反響の中でも特に嬉しかったのは、社員の親からの反応があったことだ。

内定者のご両親や、新しく入ってきた社員の親御さんや奥さんが、記事を読んですごく喜んでくれた。

親御さんからすれば、大切な子どもが名前も知らない会社に入って、「本当に大丈夫なのか」と思われていたことだろう。

それが「エニグモ、米に進出」という記事を見て、「うちの息子が入る会社はこんなに頑張っているのか、こんなに大きく新聞に出るくらい注目されている会社なのか」と喜んでくれた親御さんが何人かいらしたようで、『見たよ』って電話がかかってきました」と喜んでいる社員がいた。

ある福岡から転勤してきたばかりの社員は、親が新聞を見て、「あんたアメリカに転勤なの？」と電話してきたと笑っていた。

世界へ（須田）

二〇〇六年五月、イタリア・パルマへ行った。現地のバイヤーさんを取材するためだ。

バイマはオープンしてから三年で、全世界、五四カ国にバイヤーのネットワークを構築し、三〇万人以上の会員を擁するようになっていた。

日本を発つ前、どの人に取材をお願いするか検討した際に、「どうせならバイヤーとして大きな売上を上げている人に話を聞いてみたい」と考えた。そこでAさん夫妻に白羽の矢を立てた。

夫妻は、多い月には三〇〇万円以上の売上をあげていた。全世界のバイマ会員の中でも、トップクラスのバイヤーだったのだ。

その日本人夫妻は三十代、夫婦ともに音楽家だ。本格的に音楽の勉強をするために数年前にイタリアに引越し、子どもと家族三人でパルマで暮らしている。

夫妻は勉強のためにイタリアに住んでいて、たまにオペラに出たりして出演料をもらうが安定した金銭が得られる状況にはなかったそうだ。

そこに現れたのが、バイマだった。

たまたま日本人向けのフリーペーパーでバイマの存在を知って「これはいいかもしれない」と思った。

モノは試しで、近所のショップで売っていた洋服をデジカメで撮影し、「イタリアの洋服です。欲しい方がいたら買って送ります」と出品したところ、すぐに買い手が現れた。

洋服を送ってまもなく、指定した金額が振り込まれた。面白くなって、次々に出品してみたところ、売上がとんとん拍子で上がっていった。

最初は週に一、二回だった取引の成立が、現在では一日に何件もの注文が入るようになり、細かいリクエストも増えた。

「これは商売になる」と感じた。本格的にバイヤー活動に取り組み始めた。今ではバイマが収入の大きな柱になっていて、生活も安定していると聞いた。

僕たちは郊外にある夫妻の自宅を取材させてもらうことになった。入ってすぐのリビングに、デスクトップのコンピュータが置いてあった。

「このパソコンで、バイマをやってます」

夫妻がスイッチを入れてしばらくすると、画面に、日本で毎日見ている、バイマのトップページが映し出された。

自分たちが数年前、青山の狭いワンルームマンションの一室で作ったサービスが、イタリアのアパートの一室のパソコンで動いている。

そのことに妙な違和感があった。

日本から何万キロも離れたイタリアの郊外で、僕たちが必死で作ったバイマを、まったく見知らぬご夫妻が熱心に取り組んでくれている。

回線もアナログのために遅い。ウィーンとゆっくり画面が出てくる度に、「なんでこんなに遅いんだ。アナログ回線でも早く出るようにしないとまずいな」などと、心配しながら見ていた。

四畳半の部屋で、紙にマジックで流れを書いたところから始まったバイマが、イタリアで動いていることに、不思議な感じがしてならなかった。

イタリアの後で、ハワイに出張したときには、こんなこともあった。

バイマでハワイ特集を組むために、ハワイの名産品をいくつも撮影しなければならなかった。しかしハワイ特産の、本当に良い品や、売れそうな品がわからない。

そこで、知人の紹介でハワイに住む日系人の学生にアルバイトを頼んだ。初日から最後まで車でいろいろな所に連れて行ってくれた。それ以来、彼とは定期的に連絡を取り合う仲だが、後日、嬉しい話を教えてくれた。彼がバーベキューに行った時に、バイマについて友達に話したところ、そこにいたハワイの学生の三割がバイマのことを知っていたというのだ。

誰も知らなかったサービスが、少しずつ、世界中に広まっていった。時間はかかったが、市場を信じてここまでやってきてよかった。

世界へ（田中）

二〇〇七年後半に入り、フィルモも順調に伸びだしていた。受注が増えない時期が続いただけに「本当によかった」という思いだ。

最近では、CM以外のお話もいただくようになってきた。

レコード会社から「ミュージックビデオを制作したい」と問い合わせが来たり、映画会社から「新しい映画製作の仕組みを作りたい」といった問い合わせが来たりした。フィルモがネットの世界に新しい市場を作り出しているという手ごたえを強く感じるようになった。コマーシャルにとらわれずに今後どんな展開があるか楽しみだ。

ローミオも立ち上がったばかりでまだ結果はわからないが、創業時から世界展開のビジネスを目指してきたエニグモにとって非常に大きな一歩となった。

やってみなければわからない。そしてやることによって次につながる。今後、会社として大きくなり、資本や人材がさらに充実した際には今以上に思いっきり、力強く海外展開に取り組んでいきたいと思う。

今の小さいベンチャーの規模でも海外に出て行ってチャレンジできることを証明し、少しでも日本のベンチャー企業の刺激になれれば嬉しい限りである。

エピローグ（須田）

新しいビジネスを考える上で、いつも世の中の「あるべき姿」とか、「現状は間違っていないだろうか」という視点を考えるようにしている。

そうすると、世の中が違った角度から見えてくる。解決すべきことを思いつく。

僕は八年近く、東京の浅草に住んでいる。浅草は観光の名所なので、休日ともなると大勢の観光客が押し寄せる。昼時にはたいていの店が満員になる。中でもうちの近くにある天麩羅《てんぷら》屋は、いつもガイドブックを持った観光客の長蛇の列が並んでいる。

それを見るたびに、「もったいないなあ。他にもっといい店がたくさんあるのに」と思う。地元に住んでいるからよく知っているが、もっと美味しくて安い天麩羅屋が浅草にはあるのだ。

本当だったら僕がその店を教えてあげればいいのだけれど、いきなり知らない人に、「無名だけど、もっといい店ありますよ」と言うのも変だ。知らない街に行ったときに、携帯で地元の人にリアルタイムで「この辺で美味しい店を知りませんか？」と問い合わせられるようなローカルコーディネートサービスがあれば、とても便利だし正しいと思う。

タクシーに乗っていても「これは間違っている」と思うことがよくある。

東京のタクシー運転手の、道に関する知識のレベルの差は激しい。ベテランの運転手であれば、目的地を言うだけで、最速・最短距離で連れて行ってくれる。その分、料金も安い。ところが新人の運転手に運悪く当たってしまった場合、道順をいちいち説明しなければならない。遠回りになり、時間もかかり、料金もその分、高くなる。これはどう考えても間違っている。

こうした矛盾を、うまく解決する方法があるはずだ、といつも考えている。

そうすると、新しいビジネスのニーズが出てくる。今ある何と何を組み合わせれば、その問題を解決することができるかを考える。そこから先はどう見せていくか、どういうコンセプトにすれば今受けるか、時流に合った演出を考えていく。

この後で紹介する、エニグモの「世界初第五弾」の最新サービスも、街に捨てられている新品のビニール傘を見て「間違っている」と思ったことがきっかけで生み出された。

史上初のソーシャル・シェアリング・サービス『シェアモ』

二〇〇八年一月十六日、エニグモは、個人のモノをなんでもシェアする新サービス『シェアモ（ShareMo）』を開始した。

シェアモは、みんなで使えるモノはみんなでシェアする、史上初のソーシャル・シェアリング・サービスだ。

一回しか使っていないダイエット器具、使い終わった英語の教材、もう着ない服、読み終わった本など、家の中に埋もれさせておくのはもったいないモノをもっと気前よくみんなで使い合おうという大胆なサービスだ。登録サイトでは、「フライパンからジェット機まで、なんでもシェアするサービス」とうたった。

ユーザーは出品する人と、借りる（シェアする）人に分かれる。出品する人は、使ってないモノ・捨てるのはもったいないモノなどを、シェアモに登録する。欲しい人が現れたら送料着払いで送るだけ。借りる人は、送料だけであらゆるモノを借りることができ、使用後に、また他の人に譲り、シェアの輪が広がっていく。

出品したり、借りたりするたびにポイントが加算され、ポイントに応じてよりいいモノをシェアできたり、欲しいモノをひきとることができる。溜まったポイントを寄付することで、日本中でシェアされているモノを吸い上げ、世界各地の難民や避難民、被災者を支援することもできる。

「所有」から「共有」へ

シェアモのそもそもの考え方は、「いらないモノとか使い終わったモノを家の中に埋もれさせておくのは、もったいなくない？　もっと気前よく、みんなで使い合えば、合理的だし、エコだし、ハッピーでしょ」というものだ。

本来、日本人は昔からそういう感覚を持っていたはずである。村社会などの共同体がきちんと機能していた時代は、「もったいないから使ってよ」とお互いにいらなくなったモノを融通する感覚が当たり前だった。

シェアモの大きなテーマは、「日本人の善意への挑戦」である。

似たサービスとしてオークションや物々交換があるが、「誰かの所有物」と「みんなの共有物」というように、モノに対する捉え方がシェアモと大きく違う。オークションや物々交換は「所有」のサービスである。所有という考え方を続ける限り、結局、一つのモノを持てる人は一人で、取引が成立しなかった人は使うことすらできない。「みんなの共有物」であれば、順番を待てば、誰でも使うことができる。使いたいときに使いたい人が使えばよい。

シェアすることで、個人は「本当に欲しいモノだけ購入し、そうでないモノはシェアで済ませる」という合理的な生活ができ、全体で見ると「埋もれていたモノが循環する環境にやさしいリユース社会」が実現でき、さらにサービスで得た収益で社会貢献をしていく。

このように個々の無理のない範囲の善意を束ねて全体をよりよくしていく新経済ムーブメント「シェアリング・エコノミー」を確立していきたい。

今この原稿を書いている時点では、まだ世間に発表していないので、世の中にどう受け止められるかはわからない。だが間違いなく、シェアモは、これからの世界に必要なコンセプトのサービスだ。

最終ゴールは、かなりドリーミーだが「エニグモのノーベル平和賞受賞」だと考えている。

ここで僕の語るパートは一応、おしまいだ。
今までつきあってくださった読者の皆さま、ありがとう。
エニグモはまだ始まったばかりの会社で、僕たちもまだまだ若い。
世界を変えるボタンは、無限に世界のどこかに眠っているはずだ。
僕たちはこれからも、そのボタンを押し続けていく。
最後は、田中にタッチしよう。

エピローグ（田中）

「勝負する会社」。プロローグに書いてある、エニグモに求める姿である。

二〇〇七年、ローミオを立ち上げたのは、それがいちばん大きな理由かもしれない。海外事業を立ち上げる。そう決めたのは二〇〇六年、今から二年前である。役員と社員合わせて二〇人もいなかった頃であり、とても海外展開に乗り出すような会社規模ではなかった。時期尚早という声もあった。

「市場はある」「市場は待ってくれない」。そう言いながらも、結局は勝負したかったのだと思う。「勝負しなければ」というほうが正しいかもしれない。

日本の野球選手がメジャーリーグで実力を試したがる気持ちに近いかもしれない。日本という市場の中だけでは本当の実力がわからない。世界レベルで勝負したい。インターネットのポテンシャルは、地理的制限を受けないところである。市場は地理ではなく言語圏で定義されると言える。となれば、いちばん大きい言語圏である英語圏でサービスを展開せずには、勝負したとは言えない。

とはいえ、ローミオは立ち上がったばかりである。英語圏という最大のネット市場で、どれだけの結果が出せるのか、不安でもあり楽しみでもある。実際どうなるか正直わからない。ただ言えるのは、たとえどうなろうと、勝負はし続けるということである。

勝負することによって、予想外に得るものもあった。

二〇〇六年に、初めて一ヵ月という長期間、アメリカに一人で出張したとき、エニグモが恋しくて仕方がなかった。

エニグモの仲間たちと一緒に仕事ができないというのが寂しくて、戻るのが待ち遠しかった。

アメリカで一人で仕事をしていると、全部自分でやらなければならない。「これについてどう思う？」と相談できる人が隣にいない。資料の確認をお願いできる人もいなければ、一緒に取引先に行く人もいない。

日本に戻ったときは本当に楽しくて、「飲みに行くぞ！」と社員を誘って、「やっぱりエニグモ最高だ」と涙しながら飲んだこともあった。

エニグモに多くの仲間がいる。それがいかに貴重なことか、どれだけ自分たちが恵まれているかを知ることができた。

人生のコアタイム

三〇歳を過ぎた頃から、「人生、あと何年」ということを強く意識するようになった。一生の中で実現したいことが無数にある。限られた人生の時間の中で、一つでも多く、それらを成し遂げたい。

そう考えたときに、「残された時間」は非常に貴重であり、無駄にできない。人生で「勝負」できる年齢を六五歳までと仮定すると、もう半分しか残っていない。「いつの間に！」って感じである。以前はそう考えていた。

でも、最近は考え方を変えた。「コアタイム」という考え方を導入した。

考えるに、子どもの頃はものごとを「実現していく」ステージではない。何かを実現できるのは、早くてもせいぜい一五歳からである。中学を卒業するあたりだ。

そう考えると、人生で達成したいことを「実現していく」という意味での人生のコアタイムは、「一五〜六五歳」の五十年間になる。

そうすると、三三歳の自分はまだ約三分の一しか消化していないことになる。と自分を安心させつつ、いかにこの「コアタイム」の一年一年が貴重かを再認識させられている。

人生短いからこそ、意味あるものにしたいと思う。やるからには、小さくまとまりたくない。

そんな気持ちを込めてエニグモを設立した。

常に市場の動きに気を配り、人が気づかないことに勘を研ぎ澄ませる。知識を身につけ、感性を磨く。人が思いつかないことをやる。新しく何かを生み出す。そして世の中を変える。

すべてのサービスはユーザーに向けてのものであると同時に、社員にも向けられている。

「エニグモは常に世界に挑み続け、本気で世界を変えようとしている」ということをサービスで体現することは、社員の誇りにもなると思っている。

エニグモの資産は、人であり、エニグモ独自のカルチャーだ。起業してから、「企業にとって最も重要で、唯一の財産は、人だ」ということを強烈に思うようになった。

僕たちは世界初のサービスを立ち上げてきたが、その一つ一つも永続的なものではないかもしれない。いつかはなくなるかもしれない。だが、エニグモの「新しいことを恐れずに生み出す」というカルチャーがある限り、世界初のサービスは生まれ続けるにちがいない。

そこで、二〇〇八年のエニグモのテーマは、「はちゃめちゃ」に決めた。

決して「めちゃくちゃ」ではない。「遊びゴコロ」を持つ。そして「思いっきりやる」。それが、「はちゃめちゃ」。と社員に説明した。

要は枠にとらわれずに、自由な発想で仕事に取り組んでほしい。どんどん新しいことに挑戦してほしい。そして思いっきりやってほしい。

一言でいうと、小さくまとまらないでほしい。そんな希望を込めた。

エニグモの社員はみんなマジメで責任感も強い。「はちゃめちゃ」と言っても悪ノリする心配はない。なので、あえてインパクトの強い言葉を選んだ。

ということで、今年のエニグモは「はちゃめちゃだねえ！」が最高の褒め言葉になる。

長らく僕たちの話につきあっていただき、ありがとうございます。

エニグモの物語は、もちろんこれからも続いていく。

「謎」という名前の会社が、これからどうなっていくのか、僕自身が誰よりもわくわくしている。


謎があるから人は惹かれ合う。

謎があるから人は冒険をする。

謎があるから人生は楽しい。


そんな素敵な謎溢れる人生に！

謝辞

この本を出版することができたのは、今、エニグモがあるからです。

エニグモを一緒につくってきた社員全員に心から感謝します。こんな素晴らしい社員を育てられ、こんな小さいベンチャーに行くことをご理解いただき、エニグモを応援してくださったご家族の皆様にも心からお礼申し上げたいと思います。

また、創業からエニグモを支えてきていただいた株主の皆様、お世話になった会社の皆様、感謝の気持ちでいっぱいです。

そして、今回、推薦のコメントをいただいた元ソニー最高顧問出井伸之様、ジャーナリスト佐々木俊尚様にも心から感謝いたします。

最後になりますが、こんな素敵な機会を与えていただいたミシマ社の皆様と、愛情を持ってこの本を編集していただいた大越裕さんにお礼申し上げたいと思います。

三島さんが、「一冊の本の力を信じる」という志で、大手出版社を飛び出して作られたミシマ社から、この本を出版できたことを何より嬉しく思います。三島さんが、世の中を変える本を作っていくことを楽しみにしております。本当にありがとうございました。

二〇〇八年二月

須田将啓
田中禎人

バイマ　BuyMa

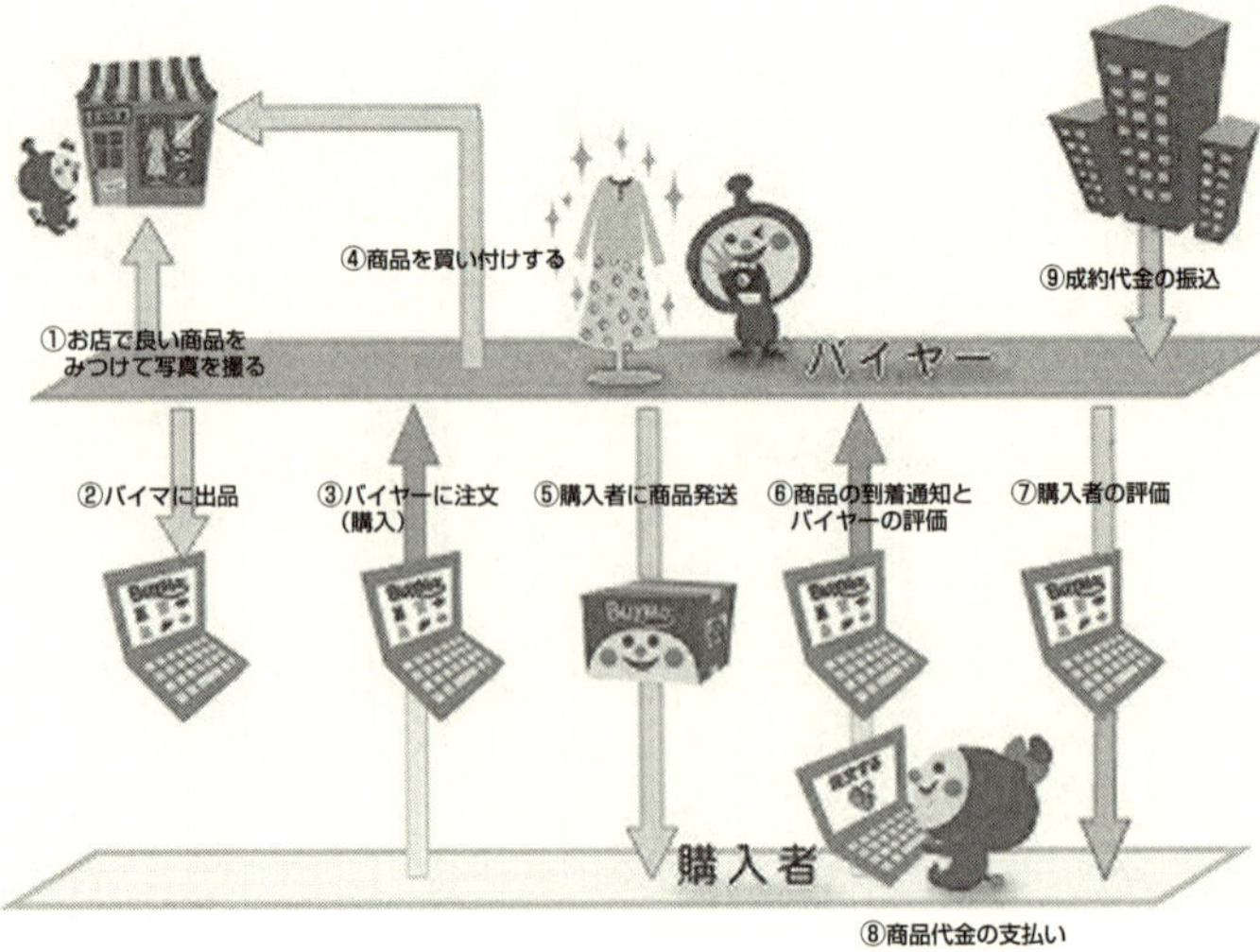

④商品を買い付けする
⑨成約代金の振込
①お店で良い商品を
みつけて写真を撮る
バイヤー
②バイマに出品
③バイヤーに注文
（購入）
⑤購入者に商品発送
⑥商品の到着通知と
バイヤーの評価
⑦購入者の評価
購入者
⑧商品代金の支払い

バイマの決済の流れ

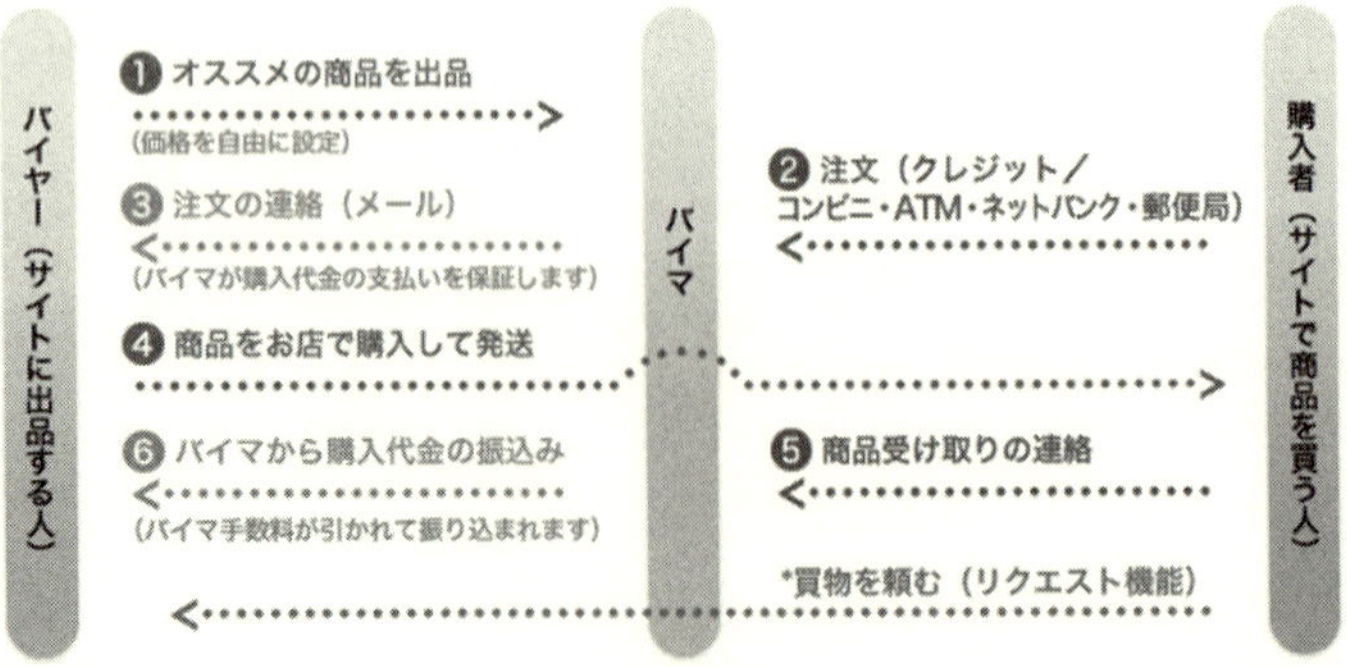

バイヤー（サイトに出品する人）
バイマ
購入者（サイトで商品を買う人）
❶ オススメの商品を出品
（価格を自由に設定）
❷ 注文（クレジット／
コンビニ・ATM・ネットバンク・郵便局）
❸ 注文の連絡（メール）
（バイマが購入代金の支払いを保証します）
❹ 商品をお店で購入して発送
❺ 商品受け取りの連絡
❻ バイマから購入代金の振込み
（バイマ手数料が引かれて振り込まれます）
*買物を頼む（リクエスト機能）

バイマの仕組み

プレスブログ　pressblog

プレスブログの流れ

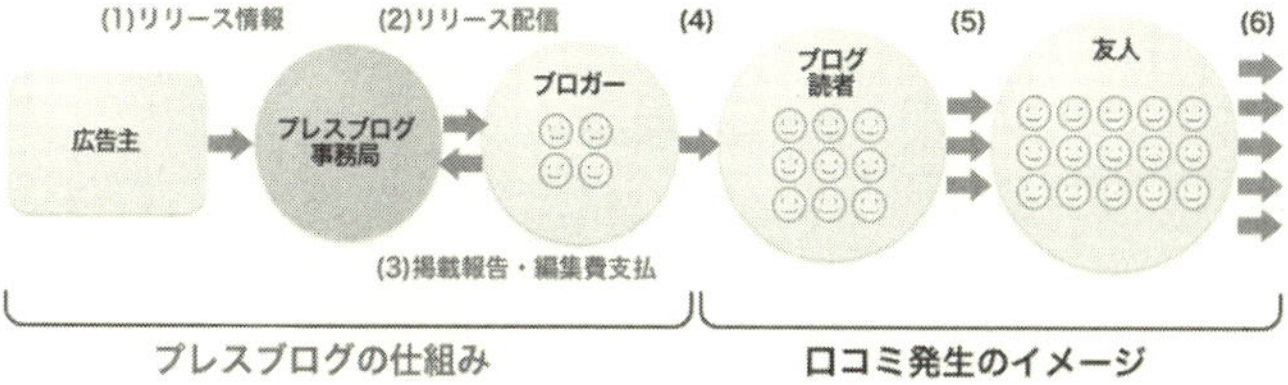

（1）広告主からプレスブログ事務局へリリース情報を入稿する。
（2）プレスブログ事務局からブロガーへリリースを配信する。
（3）ブロガーからプレスブログ事務局への掲載を報告する。内容を確認してブロガーに編集費を支払う。
（4）～（6）ブロガーから読者、友人へと口コミ情報が広がっていく。

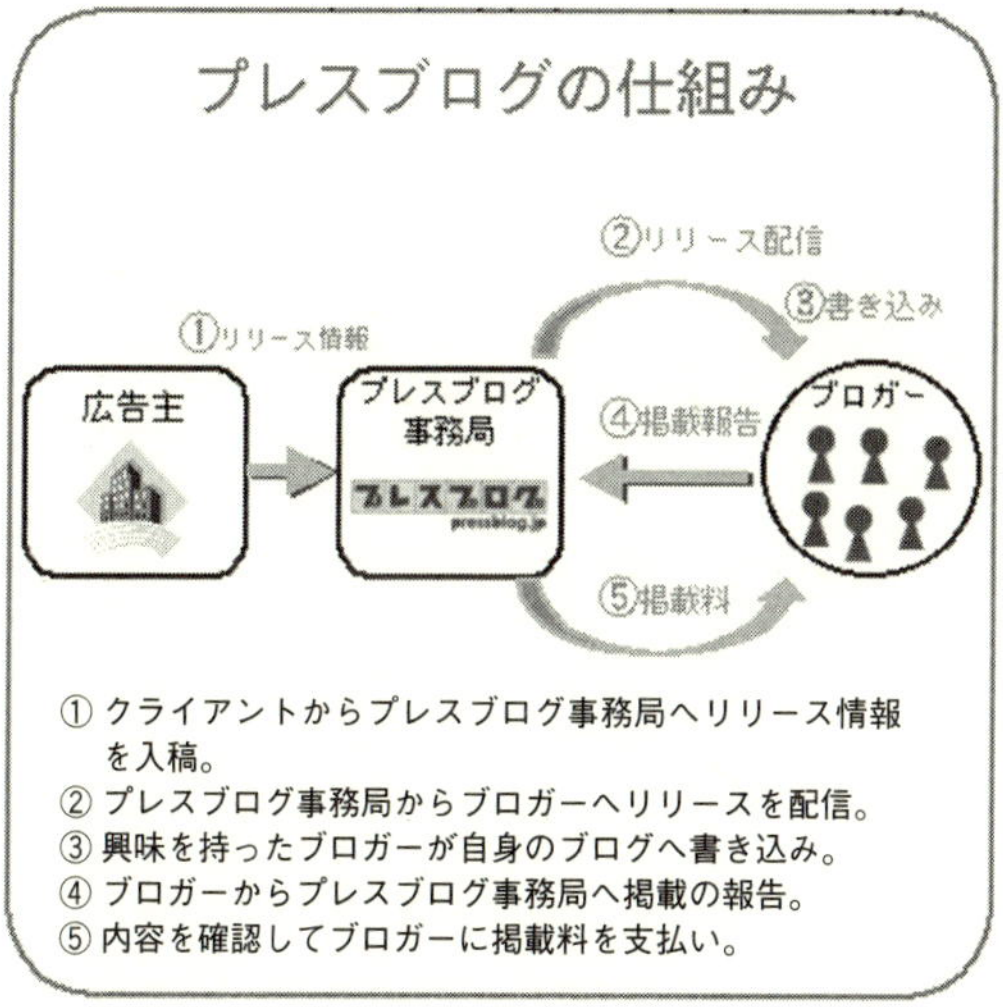

フィルモ　filmo

フィルモの流れ

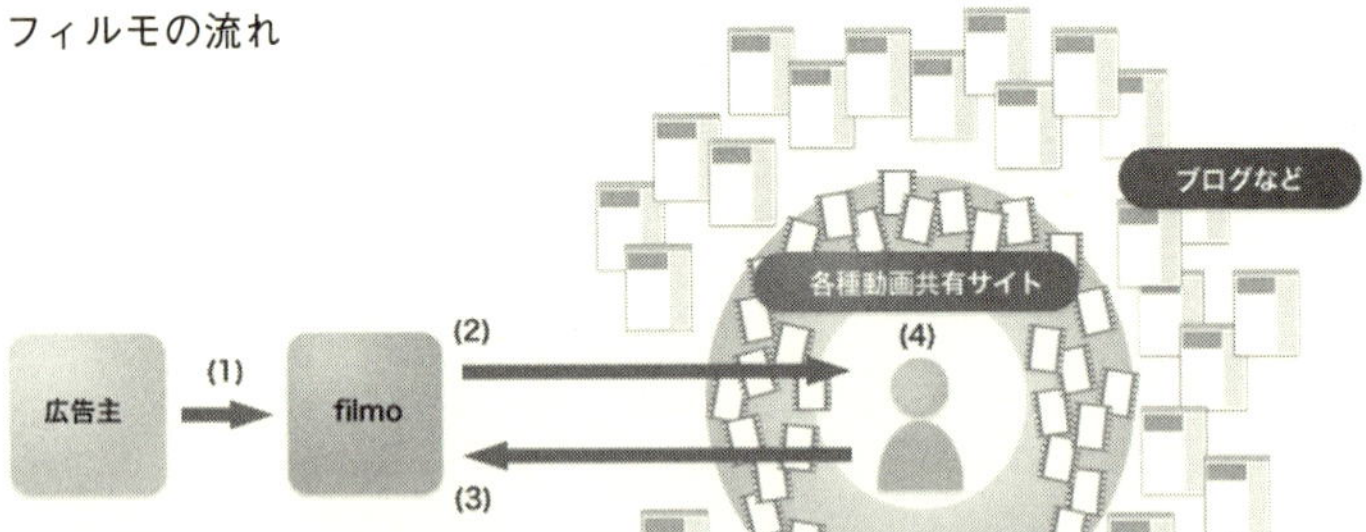

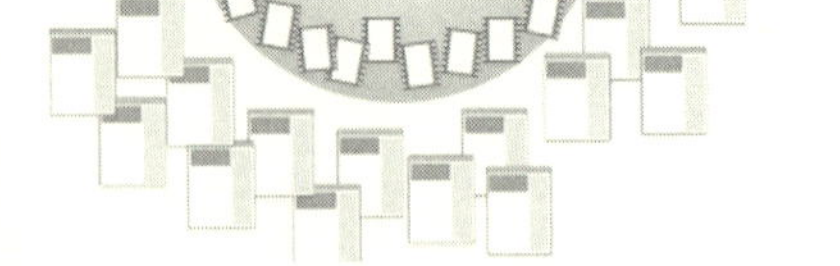

① クライアントより動画ＣＭ制作依頼。
② クリエイティブブリーフ（動画ＣＭ制作依頼）の通知。（会員数＝約20000人）
③ 興味を持った会員は動画ＣＭを作成し、filmoサイトへ申請（納品）する。
④ flmoの目視によるチェックを通過した会員は各種動画共有サイトへアップする。
募集期間終了後、filmo事務局および審査委員会が審査を行い、
filmoサイトにて受賞者を発表し、制作者には制作費および賞金が支払われる。

フィルモCMコンテスト「TBSラジオ」
エキサイトベースボールの金賞作品

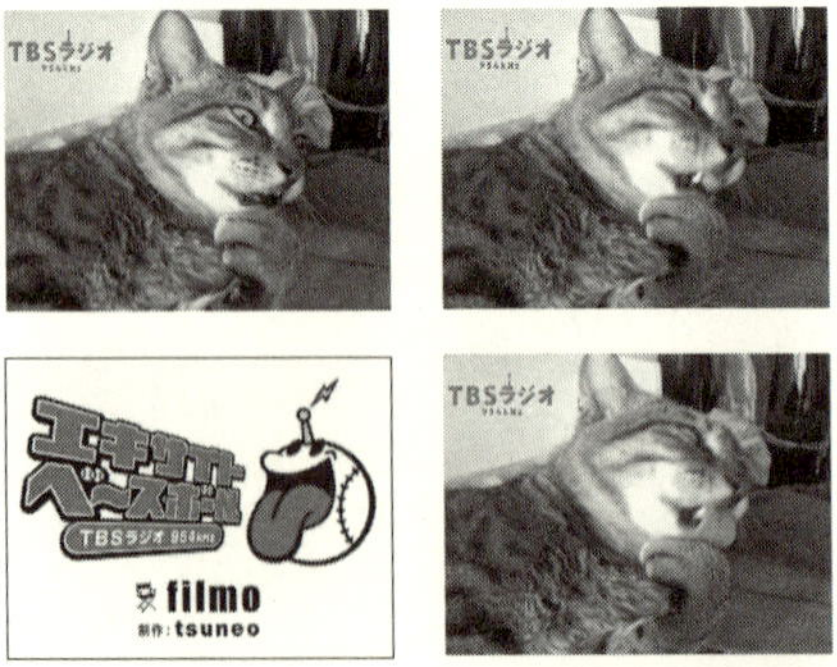

TBSラジオの野球中継に聞き入る猫。
ホームランが入ると同時に「はっ」とする様子が可愛いと評判になった。
フィルモから派生して、新宿アルタなどの街頭ビジョンや、東京ドームでも放映された。

フィルモで募集したdysonのCMで金賞に輝いた「ダイソン最終章」（作成者：mm1212mm）

①
「こちらエンデバー8号より
ヒューストンへ聞こえますか?」
「こちらヒューストン
宇宙船は安定軌道へ乗りました
そのまま飛行を続けてください」
「了解しました
われわれの地球は
信じられない程美しいです」
「ねえ、ちょっと
あそこに何か見えない?」

②
「なんだよ?」
「あれよ!
ダイソン・・・?」
「あれは・・・
ダイソンじゃないかっ
なんて事だ!!
吸引力の変わらない
ダイソンじゃないかっ!!」
「なぜここに!?
ここは地上400kmの宇宙よっ!!」

③
「知るかっ!!
ヒューストン!ヒューストン!!」
「ハハww
落ち着け　オマイラww」
「エンデバーよりダイソンを目視
緊急レベルを5に設定せよ!」
「ほう。ダイソンか。
ダ、ダ、ダイソンだと!?」
「ヒューストン・・ヒューストン・・
緊急事態発生・・緊急事態発生・・」

④
「待て!
待ってくれ!!」

⑤
「吸引力の変わらないダイソンめ・・」

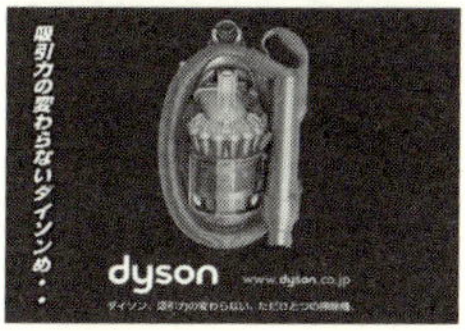

エニグモの風景

並木橋のオフィスにて
（左から安藤、森、須田、田中、藤井、柿谷）

韓国のコジェコ社と提携
（中央が須田）

エニグモ写真部
（一番右が田中）

エニグモ年表

2002年12月	BuyMaアイディア着想（12月25日）
2004年02月	南青山に会社設立
06月	須田・田中、博報堂退社
08月	BuyMa立ち上げ延期
2005年02月	第1弾サービス・BuyMaグランドオープン
05月	第三者割り当て増資
	（株式会社ジャフコ、他ベンチャーキャピタル3社）
12月	第2弾サービス・プレスブログ開始
2006年03月	第三者割り当て増資
	（ソネットエンタテインメント株式会社）
03月	並木橋オフィスへ移転（社員数6人）
10月	韓国版プレスブログ開始
11月	web2.0ビジネス大賞受賞
12月	沖縄へ初の社員旅行（日経掲載）
2007年02月	第3弾サービス・filmo開始
07月	渋谷オフィスへ移転（社員数40人）
09月	第4弾サービス・rollmioでアメリカ進出
10月	第三者割り当て増資
	（日本政策投資銀行、東京三菱UFJ銀行）
2008年01月	第5弾サービス・シェアモ開始

須田将啓（すだ・しょうけい）

1974年茨城県生まれ。慶應義塾大学院理工学研究科計算機科学専攻修士課程修了。2000年博報堂入社。2004年博報堂退社、同年に株式会社エニグモを設立。現在、エニグモ代表取締役共同最高経営責任者。

田中禎人（たなか・さだと）

1974年生まれ。青山学院大学法学部卒業後、1997年オンワード樫山入社。その後、外資系PR会社のＩＰＲシャンドウィック（現ウェーバー・シャンドウィック）を経て、カリフォルニア大学経営大学院で経営学修士（ＭＢＡ）を取得。2001年博報堂入社。須田とともに博報堂を退社し、株式会社エニグモを設立。現在、エニグモ代表取締役共同最高経営責任者。

謎の会社、世界を変える。
エニグモの挑戦

二〇〇八年三月三十一日　初版第一刷発行
二〇〇八年九月二十一日　初版第六刷発行

著者　須田将啓
　　　田中禎人
発行者　三島邦弘
発行所　株式会社ミシマ社
郵便番号一五二－〇〇三五
東京都目黒区自由が丘二－六－一三
電話　〇三(三七二四)五六一六
ＦＡＸ　〇三(三七二四)五六一八
e-mail hatena@mishimasha.com
URL http://www.mishimasha.com/
振替　〇〇一六〇－一－三七二九七六

印刷・製本　(株)シナノ
組版　(有)エヴリ・シンク

ISBN978-4-903908-05-2

好評既刊

街場の中国論

内田 樹

反日デモも、文化大革命も、常識的に考えましょ。

予備知識なしで読み始めることができ、日中関係の見方がまるで変わる、なるほど！の10講義。

ISBN978-4-903908-00-7　1600円

仕事で遊ぶナンバ術　疲れをしらない働き方

矢野龍彦・長谷川智

古武術の知恵に宿る＜仕事の極意＞

「がんばらない」「数字に縛られない」「マニュアルに頼らない」・・・現代ビジネスパーソンの必読書。

ISBN978-4-903908-01-4　1500円

アマチュア論。

勢古浩爾

自称「オレってプロ」にロクな奴はいない！

似非プロはびこる風潮に物申す！「ふつうの人」がまともに生きるための方法を真摯に考察した一冊。

ISBN978-4-903908-02-1　1600円

やる気！攻略本

自分と周りの「物語」を知り、モチベーションとうまくつきあう

金井壽宏

「働くすべての人」に贈る、愛と元気の実践書

やる気のメカニズムを理解して、「働く意欲」を自由自在にコントロール！毎日読みたい「やる気！語録」付。

ISBN978-4903908-04-5　1500円

（価格税別）